中小学名师指导系列丛书

回归物理教学的本原
——吴加澍物理教育思想研究

■ 田成良　夏伟宁◎著

北京师范大学出版集团
BEIJING NORMAL UNIVERSITY PUBLISHING GROUP
北京师范大学出版社

图书在版编目（CIP）数据

回归物理教学的本原：吴加澍物理教育思想研究／田成良，夏伟宁著. -- 北京：北京师范大学出版社，2021.1（2025.5重印）

ISBN 978-7-303-26118-5

Ⅰ.①回… Ⅱ.①田… ②夏… Ⅲ.①物理教学—教学研究 Ⅳ.①O4

中国版本图书馆 CIP 数据核字（2020)第 136158 号

HUIGUI WULI JIAOXUE DE BENYUAN

出版发行：北京师范大学出版社 https://www.bnupg.com
　　　　　北京市西城区新街口外大街12-3号
　　　　　邮政编码：100088
印　　刷：北京虎彩文化传播有限公司
经　　销：全国新华书店
开　　本：787 mm×1092 mm　1/16
印　　张：11.75
字　　数：206千字
版　　次：2021年1月第1版
印　　次：2025年5月第7次印刷
定　　价：45.00元

策划编辑：伊师孟　张丽娟　　　　责任编辑：欧阳美玲
美术编辑：焦　丽　　　　　　　　装帧设计：焦　丽
责任校对：康　悦　　　　　　　　责任印制：马　洁

　　吴加澍老师是浙江省功勋教师，在我国物理教育界久负盛名。2010年中国教育学会物理教学专业委员会在北京举办物理教育国际论坛，邀请吴老师做了题为"让学生重演物理知识的发生过程"的大会报告。八年过去了，我对吴老师当年的讲座内容仍然记忆犹新，他基于自身实践而升华的物理概念教学理论，与现代物理教育研究领域基于实证研究所揭示的概念学习规律是如此相似，由此引发了我对物理教育研究领域的深入思考。我在主编"中国物理教育研究丛书"时，曾邀请他把多年来立足于我国本土教学实践开展物理教育研究的成果总结出版，但吴老师说他年事已高婉拒了，我深感遗憾。这次海淀区物理教研员田成良老师系统整理了吴老师的物理教育思想，成稿后邀我作序，我觉得很有意义。

　　与国际科学教育领域注重科学严谨的实证研究相比，我国传统的物理教育研究独具特色。吴加澍老师等一批立足中国本土、从事物理教育的杰出物理教师的实践就体现了这种特色。吴老师把教育思想观念、教学模式方法策略、教学智慧艺术融为一体，在亲身的教学实践中不断检验、反思、修正和发展，在培养了大批优秀学生的同时，引领了一代又一代的年轻物理教师成长，他本人也成为我国中学物理教师专业成长的典范。这些优秀教师的思想和实践，不但为我国物理教育研究领域提供了丰富成果，也为国际物理教育研究领域呈现了中国智慧和中国案例。物理教育研究是一个综合性与实践性很强的研究领域，我国的物理教育研究要深入健康地发展，不但需要学习和借鉴当代国际物理教育研究领域的先进理论和研究方法，更要立足于我国实际，注重弘扬我国物理教育的优良传统，汲取老一代物理教育家经过多年实践积累的宝贵经验。研究者需要从国内外的先进理论、实证研究的成果、物理教师的经验等多方面进行深度分析，采用多角度互证的方式深入探讨物理教育的规律。

本书作者田成良老师在吴老师讲座内容的基础上，阅读整理了吴老师提供的大量资料，从教育教学观、教学模式、教学策略、教学艺术和教师发展观五个方面，系统阐述了吴加澍物理教育思想。从这些分类角度进行概括提炼，也凝聚着田老师的智慧和辛勤的劳动。这项工作不但对我国中学物理教师的专业发展至关重要，对我国本土物理教育优秀成果的传承和弘扬，对我们重新认识物理教育研究领域，认识我国物理教育研究的特点和成果都是至关重要的。

我祝贺本书的出版，也希望看到有更多挖掘和传承老一代优秀物理教师的先进思想和宝贵经验的著作问世。

郭玉英

2019 年 10 月于北京师范大学

　　记得第一次与吴加澍老师见面是在金华，那已经是二十多年前的事了，当时我慕名去听吴加澍老师的讲座。在会场，通过与旁边座位上的老师交流之后，我就跟他说："我猜您就是吴加澍老师。"吴老师说："你应该就是梁旭老师。"也许有人会说这是"缘分"，我认为这其实是人们在见面之前已经通过阅读文章，熟悉他的思想、观点，通过交流得到确认后的情况。

　　自此以后，只要有跟吴加澍老师接触的机会，我就会跟他交流，同时把自己的想法表述出来，听取吴老师的评价和分析。我把这种经历叫作"班门弄斧"，这应该是青年教师成长中很有用的一种经历。

　　再接下来，我就开始思考和研究：为什么吴加澍老师的教学能够得到物理教师的认可和推崇，他究竟在哪些方面进行了探索，做出了自己的贡献。记得在浙江省特级教师协会举办的"吴加澍教学思想研讨会"上，我做了题为"模式·策略·艺术·观念——吴加澍教育思想研究"的发言，发言刚结束，会议主持人姜水根老师就说了一句话，"吴加澍老师出在义乌，研究吴加澍老师的人不在义乌"。

　　回顾改革开放四十多年，一直不缺教学理念和"做法"，唯缺既符合先进育人理念，又能够综合考虑多方面因素，易为教师学习和借鉴的、可操作的方法与策略。吴加澍老师通过几十年的思考、研究和实践，形成了"为提高全体学生科学素养而教"的基本教学理念，提出了"以实验为基础，以思维为中心，以过程为主线，以变式为手段"的优化物理教学的策略体系，构建了"实验·启思·引探"的教学模式。吴老师用这种理念和方法教育自己的学生，指导自己的徒弟，并在多次循环往复的过程中不断提升和优化自己的教育思想。

　　吴加澍老师离开义乌中学已经好多年了，义乌中学在 2018 年全省高中校长会议上介绍道:"义乌中学周五下午学生放学,节假日不补课,高三过完元宵节才开学。这样做的底气来自'准、实、活,真、善、美'的高效课堂。"从学校介绍,我们可以看到吴老师的教育思想已经在义乌中学生根发芽、开花结果。

为了让吴加澍老师的教育思想被全国更多的物理教师所认识和借鉴,从而引导教师沿着正确的路径快速成长,田成良老师决定编写、出版《回归物理教学的本原——吴加澍物理教育思想研究》,这是一件很有意义的事情。如何将一个立体的、具有丰富思想的人有序地呈现给大家,并尽量减少内容的失真和信息的缺失,需要选择叙述的角度、安排叙述的层次,田老师对此用了很多心思并进行了有益的尝试。

记得,我曾多次劝吴加澍老师好好地总结一下自己的教育思想,但一直没有结果。田老师的工作也算是完成了浙江物理教师们的一个心愿,谢谢田老师!

梁旭

2019 年 9 月于杭州

  吴加澍先生是浙江省义乌中学的物理特级教师，从事中学物理教学四十余年，形成了自己鲜明的教学特色和教育思想，在全国物理教学界享有盛誉。他从提高全体学生科学素养的基本理念出发，提出了"以实验为基础，以思维为中心，以过程为主线，以变式为手段"的优化物理教学的策略体系，成功地构建了"实验·启思·引探"教学模式，有效提高了物理教学质量。吴老师的《对物理教学的哲学思考》等多篇教学论文被国内权威杂志刊登或转载，并多次受邀在全国性的学术研讨会上做专题报告，他主持的课题"优化物理教学过程的实践与研究"获浙江省首届基础教育优秀成果奖。

  初次了解吴老师，源于网上的一篇博文《我对物理教学的哲学思考》，文中回答了"物理是什么""为什么教物理""如何教物理"三个层面的问题。读完此文，自己突然对物理教学有了更清晰的认识，一种醍醐灌顶的喜悦油然而生，感觉自己的专业发展有了明确的方向。此后，我不断在网上搜集吴老师的资料进行学习，每次听吴老师的讲座，都感到由衷的敬佩，心灵受到强烈的震撼，看到了自己与大师的距离，努力提升自己的决心更加坚定。2016 年 4 月，一次前往杭州出差的机会，我与吴老师相约家中。一整个下午的深度访谈，消除了我在物理教学中的众多困惑，同时也被吴老师的教育思想和教育境界深深折服。吴老师的教育思想无疑是一笔教育财富，为使更多的教师从中受益，近两年我多次邀请吴老师来北京讲课，他每次的精彩演讲都能与教师们形成认识上的强烈共鸣，心灵上的激烈共振。

  吴加澍老师不仅是一名优秀的教师，也是一名物理教学专家和物理教育思想家。他是一位自觉用现代教育理论指导物理教学，并根据教学实践的丰富性不断完善与发展教育思想的教师。他的自觉不仅使他有明确的教学目标，更有明确的教学方法和教学策略；他的自觉不仅使他不断构建现代教育理论与物理教学紧密连接的"桥梁",更使他不断地思考、反思、完善自己的教育思想。

吴老师的教育思想是对自己四十多年教学实践的总结与提炼,是对教育深度思考的智慧结晶,是一道极有价值的营养大餐,广大教师需要吸收其中的营养。基于此,有必要将吴老师的材料整理成册,让更多教师受益。在本书的整理中,吴老师无私奉献,提供了大量论文、发言稿、PPT 稿件等资料,我在仔细阅读的基础上,进行了梳理和整合。本书的整理过程也得到了梁旭老师的大力支持和指导,最终形成从教育教学观、教学模式、教学策略、教学艺术和教师发展观五个方面介绍吴加澍教育思想的整体框架。教育教学观是一个教师教学行为的出发点,反映了教师审视教学的高度;教学模式是教学思想指导下对教学要素与教学过程的概括;教学策略与教学艺术无论是对高效、优质的课堂教学(包括认知与情感),还是对青年教师的成长,都是十分重要的。认识到以上关系,必将促进教师的专业发展,这也是为什么从这些角度研究吴加澍教育思想。

2016 年 9 月我国颁布了"中国学生发展核心素养"的框架,深化教育领域综合改革,着力提高教育质量,培养学生创新精神。这对教师提出了更高的要求,物理教师更要把握科学本质,探索科学育人的途径,发展学生核心素养。然而,很多教师发展到"高原期",便出现了职业倦怠,仅靠自己的经验进行教学,缺乏系统的教学研究,迷失了发展方向,急需专业引领,实现二次发展和蜕变。吴加澍老师的教育思想犹如一座灯塔,能为迷失方向的教师找到希望;又如一剂兴奋剂,能让陷入职业倦怠的教师重新点燃梦想;还如一枚助推器,能加速提升教师的专业发展。

作为一名物理教师教育工作者,弘扬和发展吴加澍教育思想,为广大物理教师提供更专业的服务,是一种责任,也是一种义务。本书的出版,希望能为广大物理教师提供一个方向性的引领。作为教师就应该不断追问教育的本质,在实践和研究中前行,不断超越自我,改变教学行为,最终发展学生的素养。希望本书能有效地帮助青年教师成长,更好地服务于我们的教育教学。

田成良

2019 年 6 月 26 日

目 录

第一章　为发展科学素养而教——教育教学观①

　　吴加澍老师认为，科学教育就是要让学生建立科学知识体系，体会科学精神，认识和运用科学方法，形成科学观念，提高能力，并形成良好的科学态度，最终提高科学素质——这正是科学教学的目标所在。

第一节　教育观

一、"为何教"：从知识本位回归到三维目标

　　"我为什么教物理？"这是每一位物理教师都必须直面并要回答的问题。对此，人们通常的回答是："将尽可能多的物理知识教给学生，以满足他们高考所需、终身之用。"然而令人困惑的是，我们授予学生那么多物理知识，但在他们此后的生活和工作中，却很少能有直接的功用，以致过了若干年，所学的物理知识殆无孑遗，"全都还给老师了"。

　　当然也有例外。如有的学生报考师范院校，学的正好是物理系，毕业后又同我们一样教中学物理。对于这些学生来说，当年教给他们的物理知识的确是终身有用的。然而这样的情况毕竟少之又少，在我们教过的学生中，充其量不会超过1%。这样，一个尖锐的问题就摆在了我们面前，逼着我们做出回答："既然只有1%的学生今后会用到物理，为什么今天却要100%的学生都学物理？"问题的实质，就是要追寻物理教学的价值究竟在哪里。

　　这个核心问题的解决，离不开结合自身亲历的案例，进行深入的叩问与反思。只有在心灵深处展开一场刻骨铭心的思想交锋，才能对物理

---

① 为使本书更具可读性，文中采用第一人称进行叙述，文中的"我"指吴加澍老师。

教学的真正价值有所感悟。有一次，我应邀参加毕业二十周年学生举办的同学会，会上有位学生说起了他"印象最深"的一堂物理课。那堂课讲的是重力势能，老师提了个问题："你站在五楼的窗台上，敢往下跳吗?"一开始，同学们还真被蒙住了，后来仔细一想，又都忍不住乐了：往里跳不就得了吗?这位学生觉得这个例子很有意思，经久不忘。当我问他该例说明什么物理知识时，他一脸茫然，竟摇头说忘了，但紧接着又说了一句："这个例子说明世界上的事情都是相对的。"听了这话，我不禁感慨万分，陷入了沉思：二十年前为这位学生上的这堂物理课，它的价值究竟何在呢?重力势能的相关知识早被忘得一干二净，它的知识价值已然归零。但这堂课却让他感悟到了"事物都是相对的"这一辩证法的基本道理。初看这似乎是政治课的范畴，与物理教学并不相干，但如果突破学科的藩篱，"跳出物理看物理"，我们无法否认，这正是当年那堂物理课在这位学生身上所体现出来的价值。

诺贝尔物理学奖获得者劳厄说过："重要的不是获得知识，而是发展思维能力。教育无非是一切已学过的东西都遗忘掉的时候，所剩下的东西。"这位物理学家一言道破了教育的真谛，即教育的终极追求并不仅仅是知识，还在于学习知识过程中积淀下来的东西，亦即人的素质；而素质的核心又集中反映为人的思维方式和价值取向。同样地，物理教学的最终目的也是为了提高全体学生的素质，尤其是他们的科学素养。

"学习物理有什么用?"面对这个学生经常会提出的问题，我的回答可归结为三句话。第一，物理是有用的。作为生活在现代高科技社会中的公民，与物理相关的事例不胜枚举。第二，物理也是无用的。因为绝大多数学生今后从事的工作都不会与物理专业直接相关，今天所学的物理知识以后大多都派不上直接的用场。第三，学物理最终是有用的。因为在我看来，物理是一门科学，学了它人们会更有知识；物理还是一种智慧，学了它人们会更加聪明；物理又是一种文化，学了它人们会更有品位。可以这样说，一个人在学生时代是否受过系统且良好的物理教育，将会直接影响他的人生或事业所能达到的最终高度。

在2000年浙江省物理教学研讨会上，我做了"为提高学生的科学素养而教"的专题报告，明确提出："物理教学的核心价值在于促进学生实现三个转化。一是把人类社会积累的知识转化为学生个体的知识，使他们知道世界是什么样的，成为一个客观的人；二是把前人从事智力活动的思想、方法转化为学生的认识能力，使他们明白世界为什么是这样的，成为一个理性的人；三是把蕴含在知识中的观念、态度等转化为学生的行为准则，使他们懂得怎样使世界更美好，成为一个创造的人。"可以看出，这些观点与新课程三维目标的理念是完全吻合的。

正因为有着这样的思想基础，我在物理教学中就能自觉地摆脱知识本位的羁绊，回归学生本位的取向，认真贯彻并落实三维目标的要求。我认为，每上一堂课，首要问题是搞清楚为什么要上这堂课，它的价值究竟在哪里。或者说除了知识之外，这堂课还能让学生得到些什么。如果树立了这样的目标意识，我们在教学中就会自觉地将具体的知识点置于三维目标的框架之中，认真分析它在各个维度上的"投射点"，从而找到落实三维目标的切入点。

例如开普勒第三定律的教学，如果仅就知识目标而言，让学生知道公式 $a^3/T^2=K$ 以及相关内容也许就够了；但若以三维目标来衡量，则显然还有拓展的必要。例如，是否应该引导学生去领略物理公式的简约之美？它将时间与空间的关系表达得如此准确且简洁。又如，是否有必要让学生去体会科学发现的艰难之旅？尤其是开普勒如何想到 a^3 和 T^2 的？显然，这里面并没有逻辑推理的通道，他多半是"凑"出来的。然而要在数千个杂乱无章的天文数字中找出这种关系，无疑是大海捞针。开普勒正是凭着顽强的毅力和惊人的耐心，整整花了九年时间才获得成功。而在这背后，是一个坚定的信念在支撑他：他深信世界是和谐的，和谐世界的规律必然是简洁的。如果能让学生深入到精神层面上去感受科学，他们得到的启迪与收获将会更加丰富。

二、"为谁教"：把属于学生的东西还给学生

"为学生而教"的说法似乎毋庸置疑，但要将其落到实处，还有很长的距离。与学生相比，教师有着"闻道在先"的知识优势，有着"师道尊严"的心理优势。但传统教学的长期浸淫，却使教师的优势走向了反面，异化为教师为中心，课堂教学也就成了司空见惯、常演不衰的"教案剧"。

俄国十月革命刚胜利时，有人问：苏维埃政权的本质是什么？列宁的回答是：把属于人民的东西还给人民。当前，我国正在大力推进新的课程改革，如果问：新课程改革的本质是什么？我们的回答是：把属于学生的东西还给学生。学生原本有着许多天然的需求，诸如探求未知、体验成功、合作交往等，然而长期以来的传统教学，却把这些属于学生

的东西剥夺得所剩无几了。因此新课改的当务之急，是把这些东西归还给学生，充分发挥他们的学习自主性。

要改变学生主体地位旁落的现状，同样离不开对于教学本质的追问。北京教育学院文喆教授认为："课堂教学，是教师有目的、有计划地组织学生实现有效学习的活动过程。"即课堂教学的活动主体是学生，价值取向是促成学生有效学习，评价标准则是学生参与学习的主动性与有效性。由此可见，新课改的根本之道在于，让教学回归本原，把课堂还给学生。我根据课堂教学实践与研究，提出了自己的三大主张。

1. 大道至简——课堂形态回归本真

大凡最普遍、最本真的东西都是最简单的。这是我们识别事物真伪的一条准则，也可以作为评价一堂课好坏的重要标准。毋庸讳言，在当前的课改实践中，还存在着追求形式、热衷于摆花架子的倾向。例如，网络技术能够超越时空实现"天涯若比邻"，但有的网络教学却是舍近求远，在课堂上一味地用"人机对话"取代"人际对话"，结果使得比邻成了天涯。又如，有的探究教学背离了其真谛，既谈不上思维活动的开放，也没有学生的自主知识建构，徒有探究之形，而无探究之实，学生经历的只是一种"伪探究"过程。诸如此类"中看不中用"的课，其症结在于把课堂异化成了"秀场"，偏离了课堂教学的本质，最终严重影响了学生的学习和发展。

针对上述倾向，解决之道就是让教学回归本真，努力营造课堂教学的原生态。我们期待的课堂形态应该是真实的、自然的、和谐的。具体而言，一是真实的教学问题。即教学问题的选择、设计与呈现，应该从学生的实际出发，与他们的真实需求相吻合，和他们的实际水平相匹配，而不能只凭教师的才能或特长来"量身定制"。二是自然的教学过程。无论是教学流程的设计，还是教学活动的开展，都必须符合学生的学习规律和心理特点，教师不应包办代替，更不能揠苗助长。三是和谐的教学氛围。书法界有句行话："气和字则秀。"类比于教学，同样可以说："气和课则秀。"在课堂上，教师要力求建立一种良好的"情绪场"，使整个教学过程弥散着一种和谐融洽、振奋饱满的气氛。

2. 大智若愚——教师思维还原稚化

有的教师对教学内容烂熟于心，讲起课来行云流水，但教学效果却不尽人意。究其原因，是教师离教材近了，却离学生远了，致使居高不能临下，深入难以浅出。教师的思维说到底是为学生的思维服务的，两者不能脱节。为此，教师应有意识地将自己的思维还原稚化。所谓"还原"，就是把教师的思维过程充分地展现开来；所谓"稚化"，就是把教师的思维起点降格、倒退，回到学生思维的原始水平上去。我们面对一个问题，不要老是用"过来人"的眼光去审视，而应抱有一种陌生感、新鲜感，尽可能以学生的角色去揣摩他们的思维过程。教师思维还原稚化的目的，就在于使师生的思维活动能够做到起点同步，发展同频，最终达成思维共振的最佳状态。

引导学生思维的最好办法，就是教师与学生一起思考，而不是代替学生思考，或者比学生更聪明地思考。有时，教师越"聪明"，学生反而会越笨，诚如"巧娘拙女"。教师的角色是什么？我的定位是"学生思想的助产婆"。教师在课堂上讲什么当然重要，但学生想的是什么更为重要；思想应当在学生的头脑里产生出来，这样才有价值。知识和思想只有经受学习的"阵痛"之后，才能在学生的头脑里留下深刻的印象，否则，轻易得到的也就会轻易地失去。高明的教法是先把学生问住，将他们推到一种"心求通而未得，口欲言而不能"的愤悱状态，然后再予以点拨开导。"水至清则无鱼"，如果一开始就想让学生把什么都搞得一清二楚，到头来反而落个不清楚；倒不如先卖点糊涂，再引导学生从糊涂走向清楚，那才是真正的清楚。

3. 大成若缺——教学时空留有余地

完美的东西要有一点空缺，不能求全求美，这样才有生命的活力。同样地，教学也不应片面追求完美无缺，要学会运用留白艺术。

传统教学理念认为，教师应将所有问题都考虑得全面，把课上得滴水不漏。然而，如同板结的土壤无法让庄稼茁壮成长一样，学生处于这样的课堂之中是谈不上自主学习的。学生在课前一个个像"问号"，课后一个个都成了"句号"，这绝非是教学成功的标志。把有问题的教得没有问题，只是培养"考生"；把没有问题的教得有问题，才是培养"学生"。成功的教学，其真谛应是能引起学生的积极思考。为此，教师上课不妨"言犹未尽"，注意在教学中多留一些空白，让学生有充分的自主活动余地。即给学生预留"缺口"，拓展学生的学习时空；为学生打开"窗口"，扩大物理学习的视野；为学生安装"接口"，使他们了解知识发展的趋向，为后续学习与发展埋下伏笔。

三、"教什么"：由学术形态深入到教育形态

教学实践告诉我们，一位学科教师的教学底蕴是否深厚，在很大程度上取决于他的学科视域有多广阔。所谓学科视域，指的是教师对其所教学科的内涵及其本质的理解与把握。对于物理教师而言，他的学科视域就反映在他对"物理究竟是什么"这个问题的回答上。

我认为，作为教学范畴内的物理知识，一般都具有两种形态：一种是外显的"学术形态"，另一种是内隐的"教育形态"。前者具有实用价值，后者则有教化功能。若将知识比喻为一座冰山，它的学术形态只是露出水面的一角，而它的教育形态犹如水面之下浑厚的山体。如果将知识的形态与三维目标做一番比照，可以发现，知识的学术形态一般与知识技能目标相对应，而其他两维目标则大多与知识的教育形态相关联。可见要全面落实新课程的三维目标，就必须使物理教学由知识的学术形态深入到它的教育形态中去。为此，教师要变"狭义备课"为"广义备课"，既要关注知识的学术形态，更要开发知识的教育形态，让学生在学习知识的同时，探寻知识的渊源，揭示知识的本质，感受物理的美感，从而全面发挥物理知识的教育价值。

作为一名物理教师，对所教学科的内涵与本质做一番全方位的审视与剖析，不断拓展学科视域的深度和广度，是十分必要的。因为这样可以有效地增强我们开发课程资源的意识，提高理解和驾驭教材的能力，从而使物理教学从传统的学术形态拓展到教育形态中去，为学生营造一个底蕴丰厚的物理课堂，使他们不仅获取知识，还能受到全面的文化浸润。

以"电磁感应"为例。通过分析可知，有关电磁感应现象的特点、产生条件以及变化规律等知识，都是以准确的定义、严密的推理，形式化地呈现在教材上面的，它们是知识的学术形态。而诸如猜想假设、实验探究的科学思想方法，电磁互变、世界多样统一的科学观念，以及法拉第锲而不舍、十年磨一剑的科学态度与精神等，则蕴含于字里行间，它们均属知识的教育形态。对于不同形态的知识，应该采用不同的教学方式。尤其是涉及教育形态的知识，不能一味地靠讲授或灌输，而是要伴随特定的问题情境，让学生通过相应的教学活动去体验与感悟。例如，奥斯特的电流磁效应与法拉第电磁感应的教学，我们往往都满足于演示实验一做即成，物理知识一步到位，科学家的探究过程似乎十分简单。

但往深里一想，问题还挺大：教学中我们向学生展示的几乎都是科学家成功的一面，久而久之，他们就会对科学形成一种错误的认知，认为科学发展总是一帆风顺的，只有傻瓜才会犯错误。因此，当告知学生，奥斯特和法拉第是历经数年之久才完成实验时，他们都感到不可思议。那种看似快捷高效的教学，学生得到的是不完整的知识，只是它的学术形态（科学结论），而蕴含于科学探究过程之中的知识的另一半，即它的教育形态却没有被开发与利用，这也是教育资源的流失。

爱因斯坦曾经指出："在建立一个物理学理论时，基本观念起了最主要的作用。所有的物理学理论都是起源于思维与观念，而不是公式。"无论是奥斯特还是法拉第，他们的最大障碍也正是来自旧观念的影响：奥斯特认为电流产生的磁力是一种"纵向力"（空间观念的束缚），法拉第则以为电磁感应是一种"稳态"现象（时间观念的束缚）。直至他们分别认识到电磁力具有横向力特征、电磁感应是"暂态"现象，实现了观念上的突破之后才最终取得成功。其实，科学家的失误也是一种宝贵的教育资源，教学中我们可以通过"情境再现"等方法，让学生从中获益。例如在进行电磁感应教学时，就可将教师演示改为放手让学生做实验，尽量使学生"面对最原始的问题，站在问题开始的地方"，而不是给学生提供现成的实验器材和方案，让他们去走捷径。虽然这样一来学生不免会多走些弯路，但却由此增加了一份真切的体验与感受。这不仅有助于学生更好地理解所学知识，而且也使学生领会到科学探究的曲折艰难，以及思想观念对于科学创新的巨大影响和作用。

第二节　科学教育观

一、科学素养的内涵与认识

从 1992 年开始，我国每隔几年就进行一次大范围的抽样调查，以检测我国公民的科学素养水平。问卷采用国际通用的米勒标准，凡是满足"理解科学知识，理解科学研究过程的方法，理解科学技术对社会的影响"这三个条件的，即被认为是具备科学素养的公众。以 1992 年的调查数据为例，我国具有较全面的科学素养的公众人数比例仅为 0.3%，只有美国的 1/23。调查还表明，近几年来我国公众科学素养始终处于停滞徘徊状态。尽管我国的经济增长连年维持在较高水平，但这并不意味着国民科学素养水平无关紧要。由于我国当前的经济发展主要还处于传统产业领域内，现有的国民科学素养水平尚能适应，随着科技的进步、社会的发展，这方面的矛盾必将会越来越尖锐。因此，尽快提升公众的科学素养水平，已成为增强我国综合国力的刻不容缓的大事。

科学素养是一个包容性很强的广域性概念，它不仅包括人们对科学事实和知识的理解，还包括对科学本质以及科学与社会、科学与人文等关系的认识，具有极丰富的内涵。对科学素养指什么，学术界众说纷纭，有着各种理解和表述，它们不尽相同，但又颇多相通。按照目前较为流行的说法，科学素养指了解必要的科学知识，并且具备科学精神和科学世界观，以及用科学态度和科学方法判断及处理各种事务的能力。我认为，可以把科学素养看成由科学知识、科学方法以及科学精神这三个基本要素构成。

1. 科学知识——构成科学素养的基础

教育总是"以昨天的知识，面对今天的学生，培养明天的人才"。我们的教学历来重视科学知识的传授，这是无可非议的。因为无知即无能，没有科学知识的支撑，科学素养也只能是空中楼阁。当前，需要重新审视的是，我们应向学生传授什么样的知识？应该怎样传授知识？以往的传统教学，一般只重视结论性的知识(静态知识)而轻视过程性的知识(动态知识)，只看到书本上凝固的知识而忽视实践中鲜活的知识。这样的知识学得越多，学生的科学素养可能反而越低。诚如一位心理学家所说："首先，一个人过去获得的知识越多，他越有可能对新问题有创见性；其次，一个人过去获得的知识越少，他的创见性就越大。"此话乍听似乎矛盾，仔细一想却很有道理。其关键在于他所说的前后两种知识的质量不同，因此价值也大不相同。那么，怎样的知识才是最有价值的呢？

①个性化知识。课本知识的原始形态是静止的、凝固的，相对于学生而言，它们都还是间接经验。这些所谓编码化的知识，如果没有学习者的亲身体验与感悟，充其量只是些没有活力的概念的堆砌，用不上也忘得快。只有经过学习者充分的内化活动，使之转化为个性化知识，即成为学生个体的经验、智慧和方法后，课本知识才能被激活，从而具有新的生命和价值。

②结构化知识。布鲁纳说过："无论我们选教什么学科，务必使学生理解该学科的基本结构。"他认为结构化的知识才是普适性最广、迁移性最强的知识。物理学本身就是一个有机的科学体系，具有完整、有序的网络结构(图 1-1)。

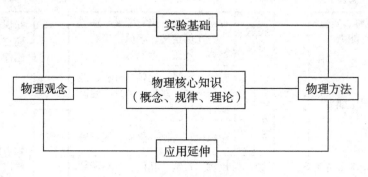

图 1-1　物理学结构

我认为，在教学中要努力去体现这种内在的结构性，力戒斩头去尾、零敲碎打的做法，避免步入将物理学习等同于物理知识的学习，进而等同于物理公式的学习，最终异化为数学公式运算的误区。

③再生性知识。当前世界的一大特点是信息爆炸、知识激增，知识的半衰期在不断地缩短。过去，学生在学校里学得的知识可能够用一辈子，现在或许只能用一阵子，知识的获得与应用之间的时间差已构成了尖锐的矛盾。要想获得再生性知识关键不在于掌握知识的量而是质，学生最需要的不是那些靠死记硬背堆砌起来的知识，而是可以长期保持活力的知识，能够再生产、再增值的知识。从学生的长远发展来看，他们在某个具体知识点上的欠缺，将来是容易通过多种途径得到补偿的；但如果学生在校期间没能养成自己获取知识、更新知识的本领，这种欠缺在今后的生活和工作中将是难以弥补的。

2. 科学方法——构成科学素养的主体

就物理学而言，它之所以被公认为是一门重要的科学，不仅在于它对自然规律的深刻提示，还因为它找到了探索自然规律的科学方法，形成了一整套卓有成效的研究方法和独特的思维方法。由此看来，物理教学应该是既教知识，又教方法；并且从一定意义上讲，掌握学习方法比获取科学知识更为重要。如果学生学习物理，最终未能掌握物理学科的科学方法，只能说他们学过了物理，而不是学会了物理，这意味着物理教师的失败。

在中学物理范畴内，涉及的科学方法主要有三大类，即物理方法、数学方法以及处于上位的思维方法（图1-2）。

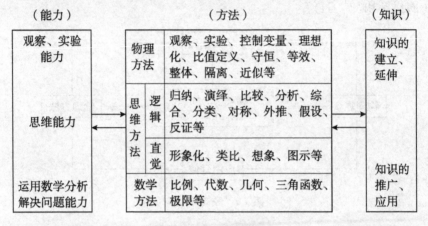

图 1-2　科学方法层级图

值得指出的是，方法固然也是一种重要的知识，但我们又不能把它孤立地当作一种知识去传授。方法的学习和运用离不开知识的依托，也离不开能力的要求。因此，我认为，应以知识为载体，以能力为核心，以过程为主线，让学生在实践中通过自身的体验和领悟，最终掌握科学方法。

3. 科学精神——构成科学素养的核心

知识和方法都是可以改变的，但科学精神却是永恒的。因此，高质量的科学教育必然十分注重对学生科学精神的培养。所谓科学精神，是在人们对科学真理的不断探索、对科学本质的不断认识过程中孕育起来的，推动科学进步的价值观和心理取向。我认为，科学精神的精髓在于求真、求实和求新，因而它的内涵也主要体现于以下三个方面。

①客观精神。求真是科学精神的基石。它坚信客观世界是有规律的，规律是可以被认识的，因而求真的客观精神是推动科学进步的原动力。爱因斯坦在《探索的动机》一文中，曾形象地描绘过进入科学殿堂的三类人：一是把科学视作实现功利目标的人，二是从科学中寻求快感与自我满足的人，"如果上帝派天使把这两类人都赶出圣殿，那么剩下的就是为数不多的第三类人——探求世界终极原因的人"。显然，爱因斯坦赞誉的正是具有客观精神的人，因为只有这样的科学家，才能为人类

做出开创性的重大贡献。

此外，客观精神表现为一种合乎理性的科学信念。即在科技迅猛发展，新异事物层出不穷的当今世界里，能够清醒、客观地鉴别什么是科学，什么是非科学，什么是伪科学。正如恩格斯所说：我们更需要具备"批判的头脑"。他指的就是充满客观精神的头脑，只有这样，人们才不致在前进的道路上迷失方向。

②实证精神。科学是最讲究实证的。实证精神常常表现为科学家在科学研究活动中所具有的实事求是的态度以及"实践是检验真理的唯一标准"的观念。例如，关于相对论的建立，常有人把它归为思辨的产物，然而爱因斯坦反复强调，相对论不是起始于思辨，而是建立在经验的基础之上的。他多次申明，如果他的观点在某些检验中遭到失败，那么他就会毫不犹豫地放弃它。这正是科学家的实证精神的写照。

长期的科学实践反复昭示着人们注意这样的事实：建立在精密检测基础上并经由实践证明为正确的科学理论，是不可能为新的实践所推翻的；新的实践只能修正或界定旧理论的适用范围。因此，今后如若碰到有人以一些时有时无的现象为依据，妄称他发现了否定物质不灭、能量守恒之类的新理论时，我们就该警惕：伪科学来了！

③创新精神。科学的本质并非全是证实真理，而在于不断发现以前真理的不足，不断地修正真理。科学知识反映的是确定性，科学精神强调的却是不确定性。因此，科学精神必然是一种怀疑、批判和创新的精神。

近年来，公众都在议论一个沉重的话题：我国学生在国际奥赛上屡获金牌，但为何我国本土科学家问鼎诺贝尔奖的不多？原因当然是复杂多元的，但其中一个极为重要的差距在于，我们的创新精神不够，创新意识不强，创新能力不足。这正是传统教育在人才培养方面暴露出来的最大弊端之一。就从作为创新精神的萌芽与发端的问题意识来看，我们的学生也是不尽如人意。尽管他们能在竞赛中取得骄人的成绩，那只能说明他们能圆满地回答别人提出来的问题；而要获得诺贝尔奖，则首先要提出属于自己的问题。我们的学生是长于"答"而短于"问"。记得物理学家理查德·费恩曼曾写过这样的诗句：

我想知道这是为什么？

我想知道为什么我想知道这是为什么？

我想知道究竟为什么我非要知道我为什么想知道这是为什么？

这首诗读起来有些拗口，但仔细揣摩又回味无穷。它不仅表达了一流科学家对探究未知的偏爱与执着，更使人们感受到问题意识对于孕育创新精神是何等重要。一个人，如果他能提出并思考"为什么"，就可能成为客观的人；如果他还能提出并思考"为什么的为什么"，就可能成为理性的人；如果他又能进一步提出并思考"为什么的为什么的为什么"，那么他就可能成为创新的人。

当然，科学精神的内涵除了以上三个方面之外还有很多，诸如互助协作的团队精神，自由竞争的宽容精神，敬业奉献的献身精神，等等。在此就不赘述了。

二、提高学生科学素养是物理教学的首要目标

中学物理教学是科学教育中的重要一环，它的重要性可以通过如下的反问来体现：如果在中学阶段不开设物理课，除了不能使学生学到一些重要的物理知识之外，还将对他们今后的发展带来怎样的缺失？我认为，最大的影响莫过于学生的科学素养得不到及时、有效的培养。这种缺失，恰恰反映了物理教学的真正价值所在。

物理学科在培养学生的科学素养方面，既有义不容辞的责任，又有得天独厚的优势。这是由物理学科的内在特点所决定的。因为物理学除了拥有严谨有序的知识体系外，还包含着一整套最全面、最有效的科学方法，充溢着许多闪光的新观念、新思路，这些都已经成为人类认识世界、改造世界的强有力的武器。尤其是在现代社会，物理思想和方法的应用领域空前地扩大了。在今天，如果要回答什么是物理，什么是物理学家这样的问题，已经很难从工作对象、常规领域等方面去区分了。现实的状况是，不论面对什么问题（化学的、生物的、医学的，甚至涉及社会、经济方面的），如果你采用的是物理学的思想与方法，就可以归结为物理问题。物理学家不仅可以研究物理，也可以涉足其他看似风马牛不相及的工作领域。曾有原子物理学研究者被股票公司高薪聘请去研究股市行情，开始觉得很诧异，但仔细一想也就见怪不怪了。因为股市错综复杂、变化莫测，要想把握它的走势，首先必须构建起相应的模型，而这正是原子物理学家的拿手好戏！从微观世界转向经济领域，所不同的只是研究对象的改变，基本的思想方法仍然相似。据不完全统计，自20世纪中叶以来，在诺贝尔化学奖、经济学奖、生物及医学奖的获奖者中，有一半以上具有物理学的背景；反过来，迄今为止还没有

非物理专业出身的科学家获得过诺贝尔物理学奖。这也充分说明物理学科无论在推动科技进步、社会发展，还是在培养人的全面素质，尤其是科学素养方面，都具有其他学科无法替代的作用。曾有专家尖锐地指出：没有物理修养的民族是愚昧的民族。

中学物理教育就是要让学生建立中学物理的科学知识体系，体会科学精神，认识和运用科学方法，形成科学观念和提高能力，并形成良好的科学态度，最终提高科学素质——这正是物理教学的目标之所在。

三、基于科学素养提高的物理课堂教学的特征

课堂教学是提高学生科学素养的主渠道。毋庸讳言，我们这块物理教学园地里，并非都是一片滋润科学素养的沃土。具体地说，当前的物理课堂教学还相当普遍地存在着以下的问题：

①过重的功利导向，使学生的全面素质不高。

②过窄的学科教学，使学生的知识基础不宽。

③过强的共性制约，使学生的个性发展不足。

④过弱的人文陶冶，使学生的人文素养不够。

以上种种弊端，极大地削弱了物理教学的功能。我们必须改革传统的课堂教学模式和方法，努力探索并实践能够体现素质教学要求、有利于提高学生科学素养的物理课堂教学。这种基于提高科学素养的物理课堂教学，应该具备以下特征。

1. 发挥自主性

承认学生是教学活动的主体，大家对此并无异议。然而课堂教学的现状却又是另一番景象，教师高居讲台一讲到底的现象屡见不鲜。这多半是源于教师的潜意识，认为教学效果等于教师讲课的容量与学生吸收率的乘积，如果学生基础较差，教师就应多讲，才能保证一定的效果。如果把这种认识放在学习理论的背景中去审视，就不难发现它正是典型的行为主义学习理论的反映："学习是学习者对外部刺激的反应，与内部的心理过程无关。"与此相对立的，则是现代建构主义的学习理论："学习是建构内在心理表征的过程，学习者并不是把知识从外部搬到记忆中，而是以已有的经验为基础，通过与外界的相互作用来构建新的理解。"照此看来，物理教学的过程，首先是学生自我认知的过程，它不单是靠教师的教，而更多的是靠学生的主动建构来完成。因此教是为了

学，或者说，教是为了不教，不教是为了自教。关于"教"与"学"的关系，不外乎有大于、等于和小于三种情况。过去我们总强调"教"必须大于"学"（教师一桶水，学生一杯水），凡事都求讲深讲透，圆满无缺。其实"教"也可以等于"学"，甚至小于"学"，那可能是更高明的"教"。记得陈云同志当年书赠薄一波一副对联，上联是"多做就是少做"，下联是"少做就是多做"，它反映的是老同志豁达乐观的情怀。针对当前教师满堂讲，学生满堂抄的课堂教学现状，我也曾写过一副相似的对联："多讲就是少讲，少讲就是多讲"，这既切中时弊，也符合辩证法。因此，要想让学生的学习自主性得到充分发挥，前提是教师必须更新观念，转变角色，从原先的知识传授者变为学习的促进者，从教学的管理者变为学生的引导者，从课堂上的尊者变为平等中的首席。在教学中，我们不仅要善于走在学生的前面，还要学会走在学生的后面。

我们知道，课堂教学结构是由教师、学生和教材这三个基本要素有机结合而成的。三个要素之间不同的组合方式，会形成以下三种不同的课堂教学模式。

①教师带着教材走向学生，即教师按照大纲要求，把握教材的重点、难点，通过分析讲解，把知识准确地传授给学生。

②教师带着学生走向教材，即教师组织学生主动地学习教材内容，并及时指导学生解决教材中的疑难问题。

③学生带着教材走向教师，即学生独立研究教学内容，发现并提出问题，在教师指导下，通过交流协作，自行研究解决问题。

以上三种模式，其实又体现了课堂教学的三种境界。第一种，通过教学把知识传授给学生，完成了教材规定的任务，我们称之为"授鱼"；第二种，在传授知识的过程中，同时也教给了学生方法，可称之为"授渔"；第三种，放手让学生去主动获取知识，通过教学使他们开阔了视野，增长了才智，达到了"学渔"的效果。很明显，决定这三种境界高下的主要区别，在于课堂教学活动中学生的主体地位是否得到切实的保证，他们的学习自主性是否得到充分的发挥。

为了发挥学生的自主性，就课堂教学策略而言，我认为必须要做到以下三点。

①激发学习动机。学生的学习动机和兴趣大致有两种类型，一是心理需求型（认知需求、自我成就感等），二是社会功利型（升学压力、家庭期望、教师评价、同学竞争等）。其中，最佳的学习动机应属学生的

认知需求,这种需求一旦确立,就会引发一系列良性循环:求知欲→积极探求知识→获得成功,自我价值认同→积极的情感体验→进一步的知识探求→更高的情感体验→……为了激发这样的认知需求,教师在教学中一方面要向学生充分展现物理知识本身的魅力,使他们怀着强烈的好奇心,以浓厚的兴趣投入学习;另一方面又要注意引发学生的认知冲突,比如在新旧知识的结合点,或者在学生的最近发展区巧妙设置问题,迫使学生远离认知平衡状态,产生焦虑感和自我完善的心理需求,从而引发他们的思维活动。

②创设民主氛围。教学实践表明,学生自主意识的觉醒,自主能力的形成都不是一蹴而就的,需要教师小心呵护,精心培育。学习是一种极富个性化的活动,每个学生都会有自己的见解,即便有的见解失之偏颇,甚至成了偏见,这也未尝不可。"把错误消灭在萌芽状态"的说法对于学习活动未必准确,教学中值得提倡的倒应该是"无错误原则"。其实,学生在学习活动中的任何错误都是可以理解的,都不能当作真正意义上的错误,这些错误的出现,是学生在学习的深入过程中必然会经历到的。所以,教师对学生应该多一份尊重,多一些宽容,让他们在民主、宽松、安全的心理氛围中自主地开展学习活动。

③提供体验机会。常听到学生反映:上课听得懂,就是不会用。这使他们深感苦恼和困惑。学习是一种心智体验活动,学习者只有经过自身的检验与领悟,方能将教材中的间接经验内化为属于自己的直接经验。平常学生所说的"懂",实际上也有听懂、想懂和悟懂三种不同的层次,其中最佳的学习状态当然是"悟",即用自己的心智去充分感悟。比如学习"原子结构",当原子核式结构存在的论据一旦被教师的直接断言所取代,高质量的学习大概也就丧失殆尽了。反之,如果学生能在教师的启发、指导之下,亲自去体验从实验观察入手,再通过分析、推理和类比,最终构建出原子核式模型的科学思维过程,他们不仅能在头脑中形成一幅清晰的原子结构图景,并且对于解决此类黑箱问题的思想方法,也能耳濡目染,达到心领神会的地步。因此,教师的任务就是要尽量为学生创造条件,给他们提供更多体验的情境和机会。教学中我们既要让学生体验成功,让他们在成功中感受乐趣,还要让学生体验失败,让他们从错误中获取教益。

2. 体现探索性

如果问:怎样的教育才是最有价值的?怎样的课才算是好课?按照

现代教育的理念，我的回答是：能使学生感受真实生活的教育是最有价值的；能使学生体验知识的探索过程，懂得所学知识的价值，学会获取知识的方法，并且形成继续学习的愿望和能力的课才算是好课。显而易见，要达到这样的目标，仅凭过去惯用的接受式的教学模式是不行的，必须大力提倡探究式教学，并使两者互补整合，相得益彰。当然，针对当前教学模式单一化的现状，提倡探究式教学显得更为迫切。诚如一位科学史学家所说："科学并不是知识本身，而是获取知识的探索过程。"物理教学只有以过程为主线，充分体现探索性，才能使学生理解物理知识，学会科学方法，培养科学精神，最终达到提高科学素养的目的。

在物理教学中开展探究式学习，既是形势的要求，也有内在的必然性。我们不妨通过图1-3来比较科学家与学生的学习认知轨迹。

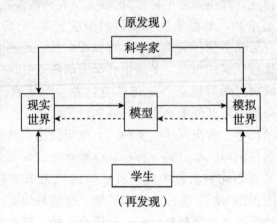

图 1-3　学习认知轨迹

科学家的"原发现"路线是：探索现实世界，从中发现问题→构造模型，提出假设→进行模拟实验，验证假设→得出并运用规律，解决现实世界中的问题。

学生的"再发现"路线是：探索模拟世界（情境简化、条件纯化），从中提出问题→构造模型，寻求规律→运用规律，分析、解决实际问题。

不难看出，尽管学生与科学家的认知路线在研究的起点、水平以及方向上都存在着较大的差异，但两者在认识论的本质意义乃至思想方法上却是相通的，这就为在物理教学中实施探究式学习提供了坚实的逻辑基础。

怎样才能使物理教学的舞台从知识的学术形态延伸到教育形态的层

面上去呢？一个有效的方法，就是教师运用潜科学的理论对教学内容重新审视和深入剖析，即进行"潜科学分析"，从中挖掘出富有教育、教学价值的课题或素材，再通过精心的设计，组织学生开展探究式的学习活动。

所谓潜科学，是相对于科学（或称显科学）而言的。我们一般将那些已经得到确证和世人公认的概念、定律、学说和理论构成的常规科学称为显科学。而它的前身，即那些尚处于孕育阶段的不甚成熟的科学胚胎则是潜科学。科学的发展总是由潜到显，又由显进入更高一级的潜，如此螺旋式地循环发展，永无止境，如图1-4所示。科学的成果令人赞叹，而科学由潜到显的历程更引人入胜；写在教科书上的科学结论固然重要，但隐含在字里行间的探索过程更富启迪意义。物理学史表明，物理学中的每一个概念、定律，每一种学说、理论，在其形成的过程中都有一段萌芽、孕育时期，有一个由潜到显的转化过程。如果我们结合教学内容，引导学生去追溯科学思想的发展过程，从中揭示科学胚胎的演变规律，感悟杰出科学家在重大发现中所运用的创造性的研究风格和思维方法，就可以充分发挥物理教学的价值，为学生的成长和发展提供更多更好的营养。值得注意的是，教材中所呈现的往往都是成功的科学范例，很少涉及失败。久而久之，学生就会产生一个错觉，似乎科学研究都是一帆风顺的，只有傻瓜才会犯错误。其实，科学失误也是科学教育的一笔宝贵财富。例如，一次浙江省青年教师教学比赛活动中，规定的课题都是"电磁感应现象"，参赛教师大多都能组织学生进行探索性的学习活动，让学生通过手脑并用，同伴协作，很快就揭开了电磁感应现象的奥秘，顺利完成了教学任务。但顺畅的教学过程，可能会让学生在心里产生一个疑问：这么简单的现象，我们不到一节课就解决了，法拉第为什么还要花上数年时间呢？其实，这正是一次值得我们把握的科学教育的良好时机。因为通过对科学家失误的了解和分析，学生能懂得：科学发现是人类向未知领域不断探索的过程，其道路必然是艰难曲折的；同时，科学发现离不开新思想、新观念的指引，因循守旧是不可能有所发现、有所创新的。法拉第正是在摆脱了电磁转化关系中"稳态"观念的束缚后，才终于迈向成功的。在开展探索性的教学活动时，我们不仅要让学生从成功的范例中增长智慧，还要让他们有机会从失败中汲取教训，正反结合才更有利于学生的成长。

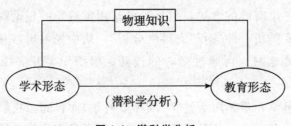

图 1-4　潜科学分析

3. 加强实践性

布鲁纳的发现学习理论认为，理想的学习程序应该是以实践为基础的，即直接经验→图像经验→抽象经验。据此，物理学习的最佳程序应该是：实验观察→物理图像→物理规律。物理学是一门以实验为基础的学科，实践性理应成为物理教学的一道亮色。从某种意义上说，学生学物理，不只是"听"物理，也不是"读"物理，而应该是"做"物理，即在研究物理的实践中学习物理。如何在物理教学中加强实践性，以利于学生科学素养的提高呢？我认为应注重以下几个方面。

（1）拓展实验功能

物理实验教学的目标大致有三种层次（图 1-5）：①提高操作能力；②掌握思想方法；③培养观念态度。如果说第一层次是"动手"，第二层次是"动脑"，那么第三层次就是"入心"。目前实验教学的现状是，往往重视"动手"，但忽视"动脑"，甚至漠视"入心"。这样的情况必须予以改善。实验教学的视角应该涵盖多个层面，以最大限度地发挥物理实验的教育、教学功能。

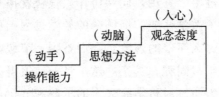

图 1-5　物理实验教学目标的层次

物理实验除了能为学生提供动手实践的机会外，其本身还蕴含着极为丰富的思想方法因素。许多杰出的物理实验大师不仅为后人留下了丰硕的实验成果，他们那精巧的实验设计、卓越的思想方法更是一笔宝贵的财富。卡文迪许巧妙地利用扭秤通过三次转化、放大，终于测定了万有引力常量，直至今日，这种转化思想在现代物理实验中仍然富有生命力。例如，根据大统一理论的预言，质子寿命为 $10^{30}\sim10^{33}$ 年。人们就想，如能通过实验测出质子的实际寿命，不就可以判定大统一理论的正确性了吗？但困难在于质子的寿命实在太长，无法直接测定。于是有科学家提出：若取 $10^{33}\sim10^{35}$ 个质子来做实验，则可推知 1 年中应有 100 个质子发生衰变，而这个数据是可以测定的。这样一来，就把原本不可测的时间概率问题，变成了可测的空间概率问题。这里用到的就是转化思想。类似的思想方法在中学物理实验范畴内也有多次涉及（如螺旋测微器原理、验证动量守恒定律等）。物理教师要做有心人，引导学生在动手的同时更要动脑，做到思维与实验同步，从中领悟科学思想方法，这对提高他们的科学素养是大有裨益的。

此外，还应发挥实验教学在帮助学生树立良好的科学态度，养成严谨的科学习惯以及培养团队精神等方面的作用，达到"入心"的程度。

例如，在一次"验证玻意耳定律"实验中，我在批阅实验报告时，发现有的同学随意涂改实验数据。经了解，他们在实验中发现，当加砝码将活塞下压时，测得的 p、V 乘积偏小，而用弹簧测力计将活塞上拉时，p、V 乘积又偏大，为了凑得与教材相同的结论，就更改了原始数据。我抓住这件事例，结合物理学史向同学们介绍了开普勒"8 弧分"的故事，进行求真务实的科学态度教育；同时要求大家针对实验误差全面分析，查找原因。经过分析，他们终于找到了症结所在。原来该组的橡皮帽严重老化、弹性差，加上实验操作时动作过快过猛，造成活塞下压时漏气（导致 pV 变小），上拉时进气（导致 pV 变大）。找到原因后，原先涂改数据的同学主动要求重做实验，终于得出了正确的结果。我认为，通过这件事，学生提高的不仅仅是实验知识和技能，还有科学观念、态度在他们内心的升华。

（2）开展课题研究

在中学物理教学中开展小课题研究活动，能为学生开辟更加广阔的实践园地。

这类研究性的课题与常规的物理实验相比有着很大的不同。对于常规的验证性实验（如"验证力的平行四边形定则"）来说，其结果在课本上早有定论，并且学生也已经学习过，无可置疑的确定性往往会影响实验的挑战性，使学生对其不重视，做实验敷衍了事，成了名副其实的"假戏假做"。对于常规的探索性实验（如"研究平抛运动"）来说，其结论虽是确定的，学生也已知道，但教学中可通过创设一定的实验情境，让学生沿着科学家的思路，以一个"先行者"的角色去研究探索，最终得到预期的结论，这可谓"假戏真做"。而对于课题研究来说，其结果对学生是未知、陌生的，甚至在课本上也没有相应的结论。课题的不确定性激起了学生更大的积极性，使他们更加主动地参与其中，取得了"真戏真做"的效果。以课题"研究弹簧振子的周期"为例，我们把学生做该课题时大致的探索过程整理表述为图1-6所示的内容。

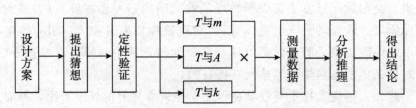

图1-6　课题"研究弹簧振子的周期"的探索过程

可以看出，这样的课题研究与常规的学生实验相比，探索空间更大，学生的自主性更强，实践机会更多，因而也更有利于培养他们的创新精神和实践能力。

（3）改进习题教学

科学、合理的习题教学也是促使学生学以致用，提高实践能力的有效途径之一。但是传统的习题教学却把学生推向题海，远离实践，因而使他们解决实际问题的能力越来越弱。我们给学生做的题目，都经过了去伪存真、削枝强干的精心加工，设问明确，条件贴切，学生只要公式对路，计算无误，即可大功告成。呈现在学生面前的不是一个有血有肉的真实的物理世界，而是由滑块、小球、斜面等理想元件堆砌起来的抽象世界。这样的习题教学，怎么能培养学生的实践意识和解决实际问题的能力呢？充其量只能把人训练成为熟练的解题机器。

在习题教学方面，国外教材倒有值得借鉴之处。美国的物理教材中有两种习题，一种是类似我国的传统的物理问题（称为标准课本问题），另一种则是极富生活气息的跨学科问题（称为广涉及问题）。

"你到旧金山去看朋友时，决定驾车绕城而行。当你刚刚通过一个弯道时，发现前面是一个急上坡。突然，一个小男孩追逐着一个球跑到车前。你紧急刹车，车轮与地面摩擦，在路面上划出15 m长的刹车印后停住。幸好没有撞着孩子！孩子若无其事地跑开了。路边目睹了全过程的一位警察向你走来，在你惊魂甫定时递过来一张超速罚款单，并指出这条路的最高速度是 40 km/h。当你回过神来，对当时的状态做了详细估算：路面和水平面的夹角为 20°，从随身带的课本中查出轮胎和这种路面间的静摩擦因数为 0.80，动摩擦因数为 0.60。又从汽车说明书上查出汽车的质量为 1570 kg。你体重 59 kg，目击者告诉你小孩子重 27 kg 并用约 3.0 s 的时间跑过了 4.5 m 宽的马路。根据这些信息，你能否到法庭为自己做无过失上诉？"

这类题目的特点是：它的物理情境与真实生活更为相近；题设的条件可能多余，需要筛选剔除，也可能不足，需要合理设定；题目并不明确指定要求的是什么量，也不一定要求精确解；涉及物理学科之外的知识（如交通规则、法律常识等）。学生要解决这样的问题，一般都需经历如图 1-7 所示的过程。

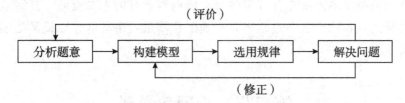

图 1-7　解决实际问题的过程

这实际上也是解决一个微型的实际问题的模拟过程，经常进行这样的"全程训练"，学生分析和解决实际问题的能力就会不断地得到提高。相反地，如果把这道题目抽象成传统的习题模式，让学生求汽车当时的速度，两者相比，在知识方面是完全等价的，但在实践性上却是大为贬值了。因为把一个复杂的实际问题抽象成一个标准的物理问题，这个最富特色也最具价值的环节，被我们轻易地代劳了，学生吃到的是被我们嚼过的馍，哪里还有什么味道呢？近年来，国内物理学界正在加大习题教学改革的力度，尤其是高考命题起到了很好的导向作用。师生反映，理综试题的知识点浅了，知识面广了，离实际更近了，这些都是可喜的变化。

（4）融合人文性

科学从来就具有两方面的属性，一是工具属性（发展生产、改善生活），二是文化属性（塑造心灵、教化功能），两者不可偏废。如果我们厚此薄彼，阉割了它的文化属性，将会导致一系列严重的后果。杨振宁曾尖锐地指出："忽视人文，中国将付出极大代价……"这话并非骇人听闻。在当前激烈竞争的世界形势下，一个国家如果缺少科技力量，一打就倒，一个民族如果缺乏人文精神，不打自倒。因此，当前刻不容缓的问题，就是要把两大形态的文化（科学文化和人文文化）加以融合。反映在教育上，就是要把科学教育与人文教育紧密、有机地结合起来。

物理既是科学，也是文化，而且是一种高品位的文化。这是因为物理追求的是真、善、美，而人类文化的最高形态也是真、善、美，两者是相通的，就好像一枚硬币的两面。这就为我们在物理教学中融合人文性奠定了内在的逻辑基础。所以，科学和人文应该成为贯穿物理教学的两条不可或缺的线索。

如何在物理教学中做到科学与人文相济呢？有人提出物理"文讲"，也有的尝试物理"诗教"，这些当然都是有益的探索，但并非根本之举。我认为最根本的是要充分开发物理学科内蕴含着的人文资源，并结合学生的特点，在物理教学过程中有机地融合渗透，潜移默化地提高他们的人文素养。

第三节　物理教学观

教育是一项复杂工程，无论是政策、体制、资金、设备，或者技术、方法等，众多因素都会从客观上对它产生这样或那样的影响。这些影响，只有在经过人们理性的过滤和价值的判断，并据此做出选择与决策之后，才会进入实际的教育过程而产生作用。所以，一切教育问题的瓶颈都取决于教育者在更深层次，即哲学层次上对于教育的理解；哲学处于教育的上位，它对教育有着最终的规范和指导作用。因此，可以说"所有的教育问题最终都是哲学问题"——这是著名教育哲学家谢密斯的结论。

一、什么是物理

这是一个十分基础的问题。翻开任何一本物理教科书，都不难找到这样的定义：物理学是研究物质结构、物质相互作用和运动规律的自然科学。但这只是对于物理这门科学在学术意义上的一种界定。而我们所面对的"物理"，它同时又是一门课程，于是就有必要从教育意义的层面上去进行一番再认识、再分析，以挖掘蕴含在其中的丰富内涵。

　　首先，物理是一门科学。

　　物理学是一门以实验为基础的自然科学，它是发展成熟、高度定量化的精密科学，又是具有方法论性质、被人们公认为最重要的基础科学。物理学取得的成果极大地丰富了人们对物质世界的认识，有力地促进了人类文明的进步。正如第 23 届国际纯粹物理和应用物理联合会代表大会的决议《物理学对社会的重要性》指出的，物理学是一项国际事业，它对人类未来的进步起着关键性的作用：探索自然，驱动技术，改善生活以及培养人才。

　　20 世纪初相对论和量子力学的建立，为物理学的飞速发展插上了双翅，物理学取得了空前辉煌的成就，以至于人们将 20 世纪誉为"物理学的世纪"。那么 21 世纪呢？有一种流行的说法：21 世纪是生命科学的世纪。其实，这句话更确切的表述应该是：21 世纪是物理科学全面介入生命科学的世纪。生命科学只有与物理相结合，才有可能取得更大的发展。

　　展望物理学的未来，充满着机遇与挑战。李政道先生在《物理的挑战》一文中，曾提出 21 世纪物理领域所面对的四大难题：为什么一些物理现象在理论上对称但实验结果不对称？为什么一半的基本粒子不能单独存在而且看不见？为什么全宇宙 90% 以上的物质是暗物质？为什么每个类星体的能量竟然是太阳能量的 10^{15} 倍？这些问题极大地激励着人们不懈探索的勇气与热情。可以预见，一旦拨去这几朵笼罩在物理天空中的乌云，物理学将会展现出更加灿烂的前景。

　　其次，物理又是一种智慧。

　　诚如诺贝尔物理学奖得主、德国科学家玻恩所言："与其说是因为我发表的工作里包含了一个自然现象的发现，倒不如说是因为那里包含了一个关于自然现象的科学思想方法基础。"物理学之所以被人们公认为一门重要的科学，不仅仅在于它对客观世界的规律做出了深刻的揭示，还因为它在发展、成长的过程中，形成了一整套独特而卓有成效的思想方法体系。正因为如此，物理学当之无愧地成了人类智慧的结晶，文明的瑰宝。

　　当今，物理学的触角已经伸向众多领域，并取得了越来越大的成就，以至我们很难再用传统的眼光去界定什么是物理学了。1995 年在我国厦门举行了第 19 届国际统计物理学大会，会议论文的涉及面十分广泛，诸如植物的花序、DNA 药物系统、交通的流量、文字的存储等，光看这些篇目,似乎都不太像是物理。那么,究竟什么是物理呢?几年前,美国《今日物理》杂志曾就此问题向读者广泛征求意见。最后,他们推崇的答案是:物理学家所做的就是物理学。这话乍听似觉偏颇,其实不无道理。因为在今天看来,物理学更多的是体现出一种智慧,"代表着一套获取知识、组织和应用知识的有效步骤和方法,把这套方法用到什么问题上,这问题就变成了物理学"。

最后,物理还是一种文化。

从广义来说,文化指的是人类历史实践过程中创造的物质财富和精神财富的总和。它包括科学文化和人文文化。同样地,物理学家在长期科学实践中所创造的大量物质产品与精神产品,也就构成了物理文化。物理文化是科学文化的重要组成部分。

大家知道,物理学是以实验为基础的科学,它的基本研究方式就是实践,因而在客观性上表现为"真";物理学创造的成果最终是为了造福于人类,它在目的性上体现出"善";另外,物理学还在人的情感、意识等多方面反映了"美"。正因为物理学本身兼具真、善、美的三重属性,我们完全有理由说,物理不仅是一种文化,而且是一种高层次、高品位的文化。

物理学是求真的。物理学最讲究实证,物理学家在科学研究活动中最基本的态度就是实事求是,坚守"实践是检验真理唯一标准"的原则。正如物理学家费曼所说:"不论你的想法有多美,不论你多么聪明,更不论你名气有多大,只要与实验不符便是错了,简简单单,这就是科学。"可以说,物理学的发展史,就是一部不断修正错误、不断逼近真理的"求真"史。

物理学是从善的。物理学致力于将人从自然中解放出来,从必然王国走向自由王国,帮助人们不断认识自己,促使人的生活趋于高尚。这是物理学的价值取向和终极目标。另外,物理学家的行为也是从善的。爱因斯坦曾这样评价居里夫人和以她为代表的杰出物理学家:"第一流人物对时代和历史进程的意义,在其道德方面,也许比单纯的才智成就更大。"他们那种严谨求实的态度、献身科学的精神、热爱人民的情怀,对于后人无疑是一份尤为珍贵的人文财富。

物理学是至美的。德国物理学家海森伯说过:美是真理的光辉。罗马哲学家普洛丁说过:善是美的本原。由此,物理学因真而美、因善而美就是十分自然的了。物理的美属于科学美,主要体现于简单、对称和统一。对称则统一，统一则简单，它们构成了物理学的基本美学准则。

翻开物理学的篇章，可以发现到处都跳动着美的音符，体现了人们对美的追求与创造。这里仅以统一性为例进行说明。当代物理学的发展，正朝着两个相反的研究方向延伸：最宏大的宇宙与最微小的粒子。令人感到惊讶的是，随着研究的深入，它们两者并非是分道扬镳、越走越远，反倒显示出不少殊途同归的迹象。例如，粒子物理学的一些研究成果常被天体物理学家所借鉴，用来探寻宇宙早期演化的图像，因此，粒子物理学在某种意义上也被称为"宇宙考古学"。反过来，宇宙物理学的研究也为粒子物理学家提供了丰实的信息与印证。于是，物理学中两个截然相反的分支，就这样奇妙地衔接在了一起，犹如一条怪蟒咬住了自己的尾巴。

又如，英国物理学家狄拉克首先发现，在自然界的某些物理量之间存在着下列引人注目的关系。

宇宙半径/电子半径$\approx 10^{40}$，宇宙年龄/强衰变粒子寿命$\approx 10^{40}$，氢核与电子的电力/氢核与电子的引力$\approx 10^{40}$……

在上述比例中，宇宙这个最大的系统，与基本粒子这个最小系统之间，竟然珠联璧合，达到了如此完美的统一，让我们再次领略到了物理世界的美，一种动人心弦的、壮丽的美。正是这许多美不胜收的事例，激发起人们对大自然由衷的赞叹与敬畏，难怪爱因斯坦会说："宇宙间最不可理解的，就是宇宙是可以理解的。"

通过以上分析，我们对于物理有了一个较为全面的认识：它既是一门科学，又是一种智慧，更是一种文化。作为一名物理教师，对自己所任教的物理学科做一番全方位的审视与剖析，这是十分必要的。这一方面可使我们看到，物理原来有着如此丰富的内涵，从而自觉、有意识地去挖掘和开发它的育人功能，全面提升教学质量；另一方面又使我们看到，物理原来有着如此美好的禀性，从而更加钟爱物理，更有激情地去从事物理教学。我以为，只有真正热爱物理的物理教师，才能做到不仅教会学生理解物理、应用物理，而且还进一步引导他们去感悟物理、欣赏物理。

二、为什么教物理

这是一个看似简单却又十分重要的问题，我对此问题的认识，经历了从"知识本位"到"学科本位"，最后回归到"学生本位"这样一个曲折渐进的过程。

有很长一段时间，我都把物理教学的目标锁定在知识层面上，认为教物理就是要把物理知识尽可能多地传授给学生，以使他们今后一生受用。然而令人困惑的是，我们授予学生那么多的物理知识，其中不乏像"$F=ma$"这类极其重要的知识，但在他们往后的生活和工作中，这些物理知识却很少显示出什么直接的功用。以致过了若干年，许多学生把所学的物理知识几乎忘得一干二净，用他们的话说，就是"全部都还给老师了"。为此，我感到深深的失落。但每当向他们提出"高中三年岂不白读了"的反诘时，这些离开学校多年的学生，却又都异口同声地做出反驳，一致认为高中阶段的学习，对于他们的成长起到了重要的奠基作用，只是说不清究竟是哪些具体知识所起的作用。我想，这大概好比晚饭，谁都不会否认吃饭对于生存的意义，然而又都说不清楚，吃了这顿饭究竟是在身上的什么地方长了块肉。

高中毕业后，大多数学生可能将告别物理，所学的物理知识终究会被忘记，到那时再回头审视一下：物理教学留给他们的还有些什么呢？如果在他们的身上，体现不出物理所给予的才智与启迪，那将是物理教学的失败。由此看来，具体的知识通常只是教学的载体，在知识的背后还有更多值得我们去追求的东西。正如我国资深科学家钱伟长教授所说："我在大学里学的是物理学……以物理学为对象我学到了调查研究、收集资料、分析资料和逻辑思维的能力，物理学的知识有时是很有用的，但通过物理学学到的这些能力，比物理学知识更有用。"钱老在读书时就是通过"物理学"这个载体，获得了很多比物理知识更重要的能力。所以，那种将物理教学等同于物理知识教学的看法是片面的，而以"知识本位"来确立物理教学目标取向的做法同样是短视的。

随着教学实践的深入，教师一般都会对自己所任教的学科日臻熟悉，从而格外钟爱。可能是受了这种职业情感的影响，我还一度把物理教学的目标，定位于"将尽可能多的学生培养成为物理学家或物理工作者"。尤其是当我从农村普通中学调入重点高中，面对的是一个个聪颖好学的学生时，这种愿望愈显强烈。但不久之后我就发现，其他学科的教师大概也出于各自的职业偏好，都对学生有着类似的期望。这样一来，大家自扫门前雪，各唱各的调，没能将各学科的分力凝聚成一股合力，实际效果当然就不尽如人意了。尤其令人沮丧的是，班上那些物理学习优秀的"得意门生"，日后直接从事物理有关工作的竟然也少之又少。正当我陷于迷惘之时，复旦大学原校长杨福家先生的一则事例给了我极大的启迪。复旦大学曾对核物理专业的毕业生去向做过一次调查，结果发现，只有不到十分之一的学生毕业后从事与核物理有关的工作，其余的都纷纷改行，活跃在金融、企业或行政等岗位上。对此，多数人都断言这是物理系的失败，而杨福家却认为这正是"复旦"的成功。因为，通过这四年本科的物理教育，学生具备了良好的素质，为他们今后的发展打下了坚实的基础，于是毕业后都能很快适应各种不同领域的工作。这也印证了赵凯华先生的话："一个人学了物理之后干什么都可以，他的物理没有白学。在我看来，学物理的人无所谓'改行'……"

经过上述曲折的认识历程，我逐渐看清了物理教学最终目标的聚焦点，既不在知识的本位上，也不在学科的本位上，而应该落实在我们的教育对象——学生的本位上。

对于"为什么教物理"这个问题，也可以反过来设问："如果我们不教物理，学生不学物理，将会对他们今后的发展留下哪些缺憾？"一种显而易见的回答是，学生将因此学不到许多重要的物理知识。这话没错，但不够全面。因为除此之外，学生还将失去更为重要的有关科学方法、科学精神等方面的培养与熏陶，从而最终影响他们的科学素养。当前，物理已经深入社会的方方面面，成为每一位有教养的公民都必须懂得的知识。对于大多数学生来说，他们今天学习物理的目的，恐怕不是为了明天去进一步研究物理，而是有助于他们去面对或决策所遇到的大量非物理的问题，为他们今后一生的文明、健康、高质量的生活奠定基础。正如《面向全体美国人的科学》一书中所说的："教育的最高目标是为了使人们能够过一个实现自我和负责任的生活做准备。"据此，对于"为什么教物理"这个问题，最确切的答案就是：为提高全体学生的科学素养而教。——这应该成为我们的物理教学观。

众所周知，生物基因对于生物进化有着非同小可的作用，极其细微的基因差异，往往会导致生物之间的巨大差别。受此启发，有不少社会学者正致力于寻求在人类文化传承与发展过程中，有着哪些最为核心的要素，从而提出了"文化基因"的概念，并将其定义为人类文化系统中的"遗传密码"。文化基因的核心是思维方式和价值观念。人类的进化比一般的生物进化更为复杂，它具有双重进化机制，除了生物基因进化机制外，还有文化基因进化机制。教育正是影响文化基因机制的重要因素。学校教育的要义，不只是文化现象的展示与诠释，还在于文化基因的传承和发展。物理教育当然也不例外。那么，蕴含在物理教学中的"文化基因"究竟有些什么呢？我认为主要体现为三个方面，即科学知识、科学方法和科学精神，因为这三者是构成科学素养最基本的要素。如果将科学素养比拟为一座金字塔，那么科学知识犹如塔基，科学方法就是塔身，科学精神则是塔尖。物理教学的最高宗旨，就是为构建这座宏伟的科学素养之塔添砖加瓦。

三、怎样教物理

我从事物理教学数十年，围绕"怎样教"的问题进行过长时期的摸索，也积累了一些教学经验与方法，但如果将它们置于教育哲学的高度并加以理性的过滤，那最后留下来的，大概只有"关注过程，优化过程"这几个字了。我认为这正是教好物理的关键所在。

对于学生来说，知识的价值主要体现为：功利价值（为实现其目标提供方法与手段），认知价值（用以训练心智，提高认知能力与水平），以及发展价值（陶冶情操，修炼品性，促进人的全面发展）。它们构成了一组由低到高的价值层次。教学实践表明，知识价值的发挥与知识所处的形态是密切相关的。当教学活动仅仅在知识的学术形态层面上徘徊时，知识多半只能发挥出有限的功利价值，只有深入知识的教育形态之后，它的价值才能提升到更高的水平。由于知识的学术形态通常以结果的形式来呈现，而它的教育形态则蕴含于过程之中，因此，教学就必须关注过程、突出过程，坚持以过程为主线的原则。教师要尽力为学生营造一片广阔的时空，引导他们去探讨知识的渊源，揭示知识的本质，进而体会物理的价值，感悟物理的美，这才是成功的物理教学，也是我们提出要关注教学过程的缘由。

1969 年法国数学家曼德布罗特曾提出"英国的海岸线有多长"的问题，随着对这一问题的深入研究，一门新学科——分形诞生了。分形最重要的原理是自相似性。人们惊奇地发现，自然界中原来存在着那么多的"分形"或"自相似结构"（即局部中又包含着整体的无穷嵌套的几何结构），如起伏的山脉、闪电的轨迹、晶莹的雪花、金属的断面，等等。众多复杂事物的无规律性，却以出人意料的规律性呈现出来，使人们能够从部分中认识整体，在无序中把握有序。早在一个多世纪前，德国的博物学家海克尔等人发现：高等生物从种细胞成长为成熟的个体，都要经历一个胚胎发育的过程，而这个过程正是该物种长期进化历史的迅速而短暂的重演，这就是"生物重演律"（图 1-8 甲）。其实除了生物进化外，重演现象在其他领域里也屡见不鲜。就以教学活动而言，学生从"未知"达到"真知"，需要经历一定的教学过程，而这一过程同样也是以浓缩的方式，在短暂而迅速地重演着人类漫长的认识发展历程。我们不妨称此为"教学重演律"（图 1-8 乙）。

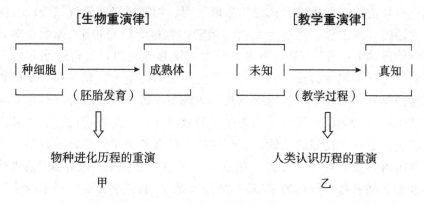

图 1-8　重演律

重演律不仅揭示了客观世界的一种普遍现象，而且还具有重要的方法论意义，我们将其作为指导教学的一种重要思想策略，可以有效地促进物理教学过程的优化。

如果把科学家从事科学研究的过程视作科学知识的原生产过程，那么学生接受科学教育的过程就是科学知识的再生产过程。理论与实践都表明，这两者之间并非泾渭分明、互不关联，它们在本质上有着极大的自相似性：学生的学习过程是对人类文化发展过程的一种认知意义上的重演，他们学习科学的心理顺序近似于前人探索科学的历史顺序。因此，理想的科学教育应该是，以浓缩的时空和必然的形式，重演人类丰富多彩的科学活动，让学生去亲历探究的过程，感受科学的启迪。这样做不仅有助于学生更好地理解并掌握所学的知识，还能让学生从中汲取前人的智慧，领悟思想方法，陶冶科学精神，全方位提升科学素养。这里需要指出的是，重演并不等于重复。如果将教学活动片面地理解为一种历史的"文化回音"，或者把教学过程机械地还原成科学研究过程，不加选择地让学生重走历史的老路，那将是荒谬的。正确的做法，应如波利亚的"教学发生学原理"所指出的："在教一个科学的分支（或一个理论、一个概念）时，我们应让孩子重蹈人类思想发展中那些最关键的步子。当然我们不应该让他们重蹈过去的无数个错误，而仅仅是重蹈关键性步子。"为了在教学中正确选定并合理设置这些"关键性步子"，教师有必要对教学的内容进行一番深入的潜科学分析。

物理教学不能淹没在结论和题目的海洋里，而应将活生生的物理现象和物理过程，返璞归真地展现开来，让学生面对原汁原味的物理问题，引导他们去亲历物理概念的形成过程、物理规律的发现过程以及物理问题的解决过程。例如自由落体运动，教材专门安排了"伽利略对自由落体运动的研究"一节，不惜花较大的篇幅与笔墨，去追述当年伽利略对自由落体规律的探究和思考，把科学大师在重大发现中所显示的创造性的研究风格和独特的思维方法，表现得淋漓尽致。这种以科学史实为背景，以科学家的思维活动为主线的教学方式，为我们优化物理教学过程提供了一个良好的范例。这样做，不仅有利于学生更好地理解、掌握自由落体规律本身，更为学生创设了机会，让他们"近距离"地去体验和领会伽利略所开创的"实验＋思维＋数学"的科学方法。对于学生来说，后者的意义或许更为深远。

我们首先要运用潜科学的理论，对教学内容进行一番"顺藤摸瓜"式的分析，即理清知识本身历史的、逻辑的演化脉络（此谓"藤"），进而挖掘依附在知识载体上的富有教育、教学价值的课题或素材（此谓"瓜"），以形成一条有关教学内容的"知识序"。其次，正如著名教育家杜威所说的："尽管科学家和教师都掌握学科知识，但二者的学科知识是不一样的，教师必须把学科知识心理学化，以便让学生能够理解。"我们要根据教育心理学原理和现代学习理论，分析学生的认知结构与水平，并对相关教学内容进行加工、重组，以形成一条切合学生学习规律的"认知序"。在此基础上，运用现代教学方法与手段对诸多教学要素加以整合，构建一条有助于促进学生积极参与、主动探究的最优化的"教学序"。

近年来，我基于上述教学理念围绕优化物理教学过程进行了一系列探索与尝试，并结合物理学科的特点，提出了"以实验为基础，以过程为主线，以思维为中心，以变式为手段"的优化策略。具体而言：对于物理概念教学，切忌简单下定义，要充分"还原稀释"，把概念的形成与运用过程尽可能完整、生动地展开，以让学生正确理解与消化；对于物理规律教学，切忌过早给结论，要坚持"延迟判断"，引导学生借鉴前人科学研究的方法，主动参与这些规律的发现或推理过程；对于物理实验教学，切忌"照方抓药"，要突出物理思想，使学生不仅动手，还要动脑，更要"入心"，最大限度地发挥物理实验的教育、教学功能；对于物理习题教学，切忌死套公式，要注重过程分析，切实提高学生分析、解决物理问题的能力。总之，我们在物理教学中，应尽量让学生按照认识的重演规律，去重演知识的产生与发展的过程，将教学过程转变成为学生的"亚研究""再创造"过程，使他们在获取物理知识的同时，启迪心智，培育品格，从而全面落实新课程所要求的教学目标。

对吴加澍教育观的研究

吴老师能从传统的应试教育模式中"跳"出来，成为中学物理教育界现代教育思想的代表人物，这件事情的动因是什么？我认为，是吴老师的教学观念在起作用。吴老师认为："提高学生科学素养是物理教学的首要目标。"

关于学生观，在面对教育改革的本质特征是什么的问题时，吴老师的回答是："把属于学生的东西还给学生。学生原本有着许多天然的需求，如探索求知的需求，体验成功的需求，合作交往的需求等。"从这里可以看出，吴老师学生观的基础是现代人本主义心理学。吴老师认为，"我们造就的不能只是'两脚书柜'，而应该是具有创造能力的人"，"中学阶段是学生思维发展的关键期与成熟期，在中学阶段培养学生的思维能力'机不可失，时不再来'"，"我们不能以课件的演示，去掩盖或替代学生的思维活动过程；也不能一味追求形象、直观，从而削弱学生抽象思维能力的培养，更不能面面俱到、和盘托出，剥夺学生的思维空间和想象余地"。从这里可以看出，吴老师的学生观是站在时代发展的高度，从对民族、对学生终身负责的角度来定位的。

关于教师观，吴老师认为，"教师与学生相比，有两大优势，一是'闻道在先'，有知识优势；二是'师道尊严'，有心理优势。但若处理不当，它们也会产生负面影响，最终蜕变为教学上的劣势。经常有这样的情况，教师经过精心备课，对教材内容烂熟于胸，讲起课来行云流水，学生听得懂，可就是不会。一个重要原因，就是教师把自己的思维过程过分提纯，思维过程单向封闭，不能有效地启迪学生的思维"。面对现代教育技术，吴老师说："如果说，教师在传统教学中还只是单纯的知识传授者，那么在现代教学中，教师就应该是学生自主学习的指导者和组织者。"因此，吴老师的教师观是建立在对教师角色的反思基础上，从现代教育对教师的要求角度来定位的。

关于学习过程观，吴老师认为，"大凡写在教科书上的，多是科学研究的结果，是科学家思维活动的结晶，是静态知识。它掩盖了知识形成与发展的生动过程，使学习者难以体验探索和发现的喜悦。尤其是物理学家们那独特的思路、精巧的方法以及认知的升华，在教材中被过滤了。蕴含在科学研究过程中的思想、方法才是动态的知识，从某种意义上说，它更值得我们去开发和利用，教师的任务就是要揭开教材这种严谨抽象的面纱，让学生亲自参与知识的再发现过程，去经历探索的磨砺，从中汲取更多的营养"。上述论述体现了现代建构主义思想。吴老师特别重视知识的个性化，他说："知识，如果没有学习者的亲身体验与感悟，它们充其量只是些无活力的概念的堆砌，用不上也忘得快。只有经过学习者充分的内化活动，使之转化为个性化知识，即成为学生个体的经验、智慧和方法后，课本知识才能被激活，从而具有新的生命和价值。"吴老师在论述学习过程时将经验总结的学习水平与思维理论联系起来，学习水平中的懂、会、熟、巧分别对应思维中的表象思维、机械思维、抽象思维及创造思维，这种联系不仅很有见地，也有利于教师注重学生思维能力的培养。综上所述，吴老师的学习过程观是以现代认知心理学和学习理论中的建构主义为基础，将自己的实践经验与之融合产生的。

关于教学观，吴老师认为，"重视人的发展，提高人的素质，已成为世界教育改革的主流。教学的根本任务就是要实现三个转化：一是把人类社会积累的知识转化为学生个体的知识；二是把前人掌握知识时的智力活动的方法转化为学生的认识能力；三是把蕴含在知识载体中的观念转化为学生的行为准则。学生毕业以后，所学的知识可能会被忘记或用不上，但科学素质是对学生终身起作用的"，"教师应该教学生三年，想学生今后三十年"，"在知识急剧更新的时代，教育应立足于'以不变应万变'，科学思维能力正是构成这个'不变'的基本要素，因为思维能力是诸多能力的核心"，"物理教学应着眼于思维活动的过程，而不仅仅局限于思维活动的结果，真正使物理教学成为思维活动的教学"。为了落实这一思想，吴老师提出："凡是重要规律的得出、物理现象的分析、解题思路的形成等，都必须建立在剖析物理过程的基础上。"我们要在物理教学过程中，同步、有效地进行科学思维训练，就必须做到"三序合一"（知识序、认知序、教学序）。"三序合一"是吴老师教学思想中最精辟的内容，是对教学理论的发展。很显然，"三序合一"的基础是知识序与认知序，教学序是对前面两序的优化整合。"三序合一"不仅有利于教师发挥主导作用，传授科学知识与方法，也有利于学生发挥主体作用，主动建构知识结构。"三序合一"是一条高效地对课堂教学进行"调谐"的教学原理，有利于师生在合作的前提下达到教学"共振"。这不仅使学生在认识上得到发展，在情感上也得到深刻体验，既极大地激发了学生的学习兴趣与学习动机，也使学生在文化的层面上深刻感受了科学知识与科学方法，促进了学生完善人格的构建。所以说，"三序合一"是现代建构主义与现代人本主义思想高度融合的教学原则。在回答怎样的教育是最有价值的，什么课才算是好课这一问题时，吴老师认为，"能使学生体验知识的探索过程，懂得所学知识的价值，学会获取知识的方法，并且形成继续学习的愿望和能力的课才算是好课"。吴老师的两句名言"经常给学生找麻烦"及"先问迷糊，再教明白"也很能体现他的教学观。

综上所述，吴老师的教学观是立体的，而处于立体结构核心地位的不是知识，而是思维能力和科学素养，正如吴老师在多次讲演中所说："为提高学生的科学素养而教。"

第二章 重演知识发生的过程——教学模式

  吴加澍老师认为，现行教材一般都是以知识的逻辑演绎为主线编写的，体系严密，简明扼要。但掩盖了物理知识形成的生动过程，以及物理学家们独特的思路、精巧的方法和不懈的探索等。教师的重要任务就是揭开教材这种严谨抽象的面纱，积极引导学生去亲历科学探究的过程。

  物理教学的过程，就其本质而言，首先是学生的认知过程。学生学习物理，不是靠教师教会的，而是通过他们自身的认知活动学会的。从这个意义上来说，好的物理教师不是在"教"物理，而是激发学生自己去学好物理。他的高明之处在于能为学生适时地创设问题情境，搭建认知舞台，从而不断培养和提高学生探求新知识的能力。

  现行的物理教材一般都是以知识的逻辑演绎为主线编写的，体系严密，简明扼要。但这种严谨性给教材披上了一层神秘的面纱，掩盖了物理知识形成的生动过程，使学生难以体验探索和发现的喜悦。尤其是物理学家们独特的思路，精巧的方法以及不懈的探索等，在教材中往往被干干净净地过滤掉了。如果我们在教学中只是"照本宣科"，势必会影响到物理教学目标的全面实现。当前物理教学存在的一个突出问题，正是知识的发生过程被人为地萎缩，而知识结构却过分膨胀。布鲁纳的"发现学习"理论认为，"认识是一个过程，而不是一种产品"。学生不是被动、消极的知识接受者，而应成为主动、积极的知识探索者。因此，教师的重要任务就是揭开教材这种严谨抽象的面纱，把活生生的物理现象、物理过程，返璞归真地展现在学生面前，积极引导他们去亲历物理概念的生成过程、物理规律的发现过程以及物理问题的分析过程，使学生在各种认知活动中经受探索的磨砺，汲取丰富的营养。

第一节　物理概念教学
——充分还原稀释，让学生体验物理概念的形成过程

我们历来重视物理概念的教学，但过去侧重知识的传授，强调讲清概念的内涵、外延以及与相关概念的联系和原则，至于概念的来龙去脉及其形成与发展则轻描淡写，甚至一笔带过。这种"斩头去尾烧中段"的做法，强化了概念的教学状态(结果)，而忽视了教学过程，这不仅削弱了概念教学本身，而且也有碍于学生能力的培养。

物理概念是从大量的物理现象和过程中抽象出来的，它更深刻地反映了事物的共同特征和本质属性，可以说是浓缩了的知识点。为使学生更好地理解概念，教师应该将它的形成过程重新"还原"，使浓缩的物理意义充分"稀释"。正如一位学者的比喻："将 15 g 盐放在你的面前，无论如何你都难以下咽。但将 15 g 盐放入一碗美味可口的汤中，你在享用这碗汤时，就将 15 g 盐全部吸收了。"如果说物理概念犹如这里的盐"溶质"，那么"溶剂"就是学生学习活动的认知规律，而"溶液"则是引人入胜的教学情境与过程。

人们的认识总是由具体到抽象，再由抽象上升为具体，需要经历两次飞跃过程才能完成。学习物理概念也同样遵循这一普遍的认识规律。概念教学应着力把概念的形成过程和运用过程尽可能完整、生动地展现开来，使学生能对所学概念正确理解(消化)，并灵活运用(活化)。为此，我们可采用如图 2-1 所示的物理概念教学模式。

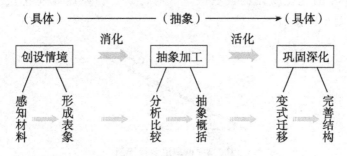

图 2-1　物理概念教学模式

例如，加速度是一个重要而又十分抽象的概念，我们不能指望直截了当地下个定义"速度变化与时间的比值叫作加速度"，就可以使学生理解其物理意义。为让学生理解加速度的物理意义，我们选取典型事例，设计了如下的教学过程。

①创设情境，提出课题。

先给出表 2-1 所列数据，要求学生对照分析火车、卡车与轿车的运动情况。

表 2-1　不同物体的速度

速度 v / (m·s^{-1}) 时刻 t/s 对象	0	1	2	3	4	…
火车	0	0.2	0.4	0.6	0.8	…
卡车	0	1.2	2.4	3.6	4.8	…
轿车	9.5	7.5	5.5	3.5	1.5	…

学生不难看出，它们都做变速运动，且速度变化均匀，故为匀变速运动；同时还可以看出，三者的速度变化的快慢不尽相同：轿车变化最快，卡车次之，火车变化最慢。那么如何来描述物体速度变化的快慢呢？这正是我们要研究的课题。

②实验观察，比较分析。

学生分组实验（图 2-2）：让小车从平板上端由静止滑下，并改变平板倾角 θ，仔细观察小车的运动情况。学生通过比较发现：随着倾角 θ 的增大，小车初、末速度的变化量（Δv）变大，而运动时间（Δt）变小，相应地小车的速度变化也就越快。从而得出，物体速度变化快慢与 Δv 和 Δt 这两个因素有关。

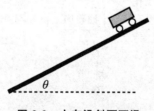

图 2-2　小车沿斜面下滑

③类比联想，概括定义。

如何通过 Δv 与 Δt 构建出一个新的、能描述物体速度变化快慢的物理量呢？这是个有一定难度的新问题。为此，可引导学生类比速度的定义式 $v=s/t$，并由此联想：我们可否用物体的速度变化量（Δv）与运动时间（Δt）的比值来反映物体速度变化的快慢呢？学生对照表 2-1 的数据，发现各组的比值均为不变的定值，这使他们受到鼓舞，因为不变性往往寓有规律性。另外，各比值的大小正好与物体的速度变化的快慢一致。这样，我们就完全有理由用该比值来描述物体速度变化的快慢，并将其定义为加速度，即 $a=\Delta v/\Delta t$。

又如，电场线可用来形象地描述电场的特性，但如果学生不理解它的物理意义，这种形象反倒可能成为令他们眼花缭乱的另一种抽象。这时若再辅以直观的模拟实验，他们甚至会误认为电场线就是一种实体存在。因此，教学的关键就在于通过还原稀释，让学生主动参与电场线概念的建构过程。教学中，可从最简单的点电荷电场入手，用带箭头的线段来表示点电荷电场中不同位置（如 A、B、C 等处）电场强度的大小和方向（图 2-3 甲）。采用同样的方法，我们还可以表示更多位置的电场强度的分布情况（图 2-3 乙）。很明显，这种方法虽然直观，但太过繁杂。学生面对这一片密密麻麻的箭头，他们自然会想到应该如何简化。通过思考，他们不难找到办法：若以点电荷为圆心，其周围各点场强的方向都是沿半径向外的，于是就可用一组辐射状的射线来反映其方向（图 2-3 丙）；又因为其周围各点场强的大小随着离点电荷距离的增加而减小，这种变化趋势又恰与这组射线"近密远疏"的特征相符合。用这样一组射线来描述正点电荷电场的性质，不仅形象而且简洁，是非常合理的。

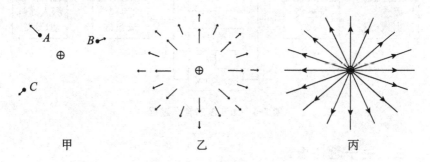

甲　　　　　　　乙　　　　　　　丙

图 2-3　电场线建立过程

实践表明，这样经由一定的教学过程孕育、发展而成的物理概念，才会使学生感到有血有肉，清晰丰满，这样的教学过程才能收到较好的教学效果。

教学案例：加速度

一、关于课题选定

"速度变化快慢的描述——加速度"的安排比较合理，学生之前已经知道匀变速直线运动的概念，这给学习加速度这一概念降低了难度。加速度是力学中的重要概念之一，也是高中一年级物理课中比较难懂的概念。加速度是连接力学和运动学的重要纽带。学生学习了加速度，不仅掌握了一个物理概念，更能学会对于一个量变化快慢的描述方法，这对于以后学习类似的概念非常重要。结合数学课上学过的求导知识，学生的思维层次能上一个台阶。

二、关于教材处理

本节教学的关键之处在于加速度这个概念的引入。教师应结合对生活中实际问题的分析，给予学生充分的思考时间，让学生探究表征速度变化快慢的方法，水到渠成地得到加速度的定义和计算公式。在课堂上，引导学生应用实验、类比引入物体的加速度，让学生理解加速度的矢量性。本节课的教学过程可以用图 2-4 表示。

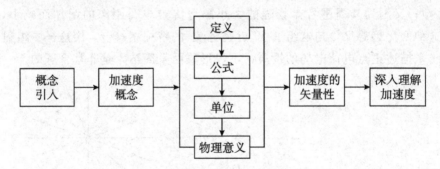

图 2-4　加速度的教学过程

三、关于教法设计

根据诱思探究的教学理念，彻底改变过去教师"满堂讲"，学生"默默听"的状态，实现教师为引导，学生为主体的教学方式。教师创建认知情境，让学生自己去体验探究，实现"满堂学"，真正落实学生的主体地位。

在课堂教学中，利用多媒体课件、录像等，播放飞机起飞，汽车、摩托车启动的画面，引入本节概念，以激发学生的学习兴趣，活跃课堂气氛。为充分调动学生积极性，组织学生进行分组实验探究，让小车从倾角不同的斜面上下滑，定性比较速度变化快慢，再引导学生定量地比较速度变化快慢。为攻克加速度这个难点，采用类比的方法，结合速度的比值定义法，阶梯式地逐步解决问题，降低问题难度。提出问题后，引导学生先自主思考，然后小组内合作交流。利用针对性训练，巩固学生对概念的理解。最后，拓宽视野，提出"死亡加速度"，增强学生的交通安全意识。让学生真正实现动手做、动眼看、动耳听、动口议、动情读、动笔写、动脑思，在体验中获取知识、探究规律、解决问题，得到成功的体验，享受成功的愉悦，激发他们的热情和责任感。

四、教学过程

1. 创设情境，导入课题

播放录像：汽车、摩托车、飞机在同一起跑线上启动。

（激发学生兴趣，使学生产生问题。）

师：它们三个谁跑得更快啊。（学生思考后教师提问。）

生：有的说摩托车快，一马当先。有的说飞机快，很快就飞到天上去了。

师：他们回答得都有道理，其实我们平时说的"快"有不同的含义。

一种情况是运动得快——位置变化快；另一种情况是启动快——速度变化快（很短的时间就能达到一定的速度）。第一种情况我们在前面已经知道了就是速度，今天我们遇到一个新问题，速度变化快用什么物理量来表示呢？

（引出本节学习内容，描述速度变化快慢的物理量，学生学习兴趣倍增。）

2. 实验观察，分析体验

师：下面我们通过一个分组小实验来探究物体速度变化的快慢。

实验器材：小车、两个倾角不同的斜面（等高）。

实验步骤：①小车从倾斜的轨道顶端由静止滑下，学生仔细观察小车的运动情况。

②改变轨道倾角，重复上述实验。

学生分组实验，讨论。

（实验意图：定性比较，强化感知。）

师：你们得出了什么结论呢？

学生可能给出如下回答：

①斜面倾角越大，小车运动越快。

②小车从倾角大的斜面顶端运动到底端，所用时间较少。

③小车从倾角大的斜面顶端运动到底端，获得的速度较大。

教师对学生的回答都应进行鼓励和肯定，通过提示、点拨，引导学生得出两次小车速度改变的快慢是不一样的。

师：各位同学回答得非常好，通过以上思考和总结，速度变化快慢与什么物理量有关？

生：速度变化快慢与 Δv 和 Δt 有关。

（通过实验让学生体会到速度变化快慢和什么量有关。）

3. 联想类比，概括定义

师：实际上，速度改变的快慢与生活是紧密相连的。请同学们看表2-2中的三个例子，填写表2-2，并思考下列问题。（让学生定量体会速度变化快慢。）

表 2-2 不同情境下的速度变化

物理情境	初速度 v_0 /(m·s^{-1})	经过时间 t /s	末速度 v_t /(m·s^{-1})	速度变化量 $v_t - v_0$ /(m·s^{-1})
甲：小朋友从高处沿滑梯下滑	0	2	3	
乙：小球从高处静止竖直下落	0	2	20	
丙：火车从车站出发	0	100	20	

问题：①甲和乙哪个速度变化快？

②乙和丙哪个速度变化快？

③甲和丙哪个速度变化快？

生：乙比甲速度变化快，因为时间相同乙的速度变化量大。

乙比丙速度变化快，因为速度变化量相同乙所用的时间短。

师：（提示）我们可以类比运动快慢的比较方法。

生:(恍然大悟)我们也可以用单位时间内的速度变化量来表示速度变化快慢。

师:非常正确。物体速度的变化量除以所用的时间可以描述这段过程中物体运动速度变化的快慢,这就是今天我们要讲的加速度。

师:(课件投影)给出加速度的定义——加速度等于速度的改变量与发生这一改变所用时间的比值。用公式如何表达呢?请同学们阅读课本,理解加速度定义、表达式,并尝试推导出加速度的单位。

(设计意图:让学生深刻理解加速度概念,认识科学语言的严谨性。)

师:(课件投影)①定义:加速度等于速度的改变量与发生这一改变所用时间的比值。

②公式:$a = \Delta v / \Delta t$,且 $\Delta v = v_2 - v_1$。

速度的变化量与时间的比值也叫速度的变化率。

③单位:m/s^2,读作"米每二次方秒"。

④物理意义:加速度是表示速度改变快慢的物理量,其数值越大,表示速度改变越快。

4. 学以致用,迁移深化

师:我们已经知道了加速度的定义,请同学们讨论以下问题。

①加速度和速度有什么联系?是否加速度大,速度就大?

②加速度和速度变化量有什么联系?是否加速度大,速度改变量就大?

(设计意图:巩固对加速度概念的理解。)

(同学积极思考、激烈讨论后发言,其他同学加以更正补充。)

生:①速度描述的是位移改变的快慢,加速度描述的是速度改变的快慢。

②速度大加速度不一定大;加速度大速度不一定大。

③速度变化量大加速度不一定大。

④加速度为0,速度可以不为0;速度为0,加速度可以不为0。

师:同学们能不能举几个实例来说明一下呢?

生:匀速飞行的飞机速度大,速度变化量小,即加速度小。

师:(课件投影)如果给小车一个初速度,让它沿着斜面往上滑,会出现什么情况？由此得到加速度有何特点？

师：请同学们在自主思考的基础上，小组内交流讨论。

（设计意图：理论联系实际，巩固学生对加速度概念的理解，引出加速度的方向。）

（学生经过分析、讨论，很快就得出结论。）

生：（踊跃回答）小车的速度会越来越小，末速度将会小于初速度，由此得到速度变化量是一个负值，加速度也是一个负值。

师：（课件投影）这种情况下，加速度为负值，表明加速度的方向与初速度方向相反，物体在做减速运动。这说明加速度是一个矢量。

师：（课件投影）如果有两个加速度分别是 5 m/s^2 和 -10 m/s^2，哪个加速度更大？

（设计意图：理解正、负号在矢量中的意义，只表示方向，不表示大小。）

部分学生脱口而出，5 m/s^2 大，但马上被其他学生否定，-10 m/s^2 大，因为正、负号只表示方向，不表示大小。

师：加速度的正、负号只表示方向，不表示大小，所以 -10 m/s^2 大，表明速度变化得快。

5. 拓宽视野，联系实际

案例：死亡加速度。

在很多国家，交通管理部门制定的死亡加速度为 5000 m/s^2，以醒世人，意思是如果行车加速度超过此值将有生命危险。一旦发生交通事故，因为车辆碰撞时间很短，加速度很可能会达到甚至超过这一数值。假如一辆汽车以 90 km/h 的速度行驶，因发生事故，与高速公路隔离护栏发生碰撞，碰撞时间约为 0.004 s，撞后速度即变为零，那么碰撞中汽车的加速度有多大？

（设计意图：让同学们应用加速度的计算公式解决实际问题，并加深对瞬时加速度的理解。）

学生计算结果约为 6250 m/s^2，深刻体会到安全带、公路限速的作用。

（设计意图：加深对加速度的理解，加强对交通安全的重视。）

第二节　物理规律教学
——坚持延迟判断，让学生探寻物理规律的发现过程

物理规律反映的是物理概念之间的联系，从这个意义来说，物理规律是压缩了的知识链。在教学中，我们的首要工作并不是急于把这些前人获得的结论直接端给学生，让学生尽快地占有它们。诚如爱因斯坦所说："对真理的探求比对真理的占有更可贵。"我们要引导学生积极参与物理规律的发现和推理过程，使探索真正成为物理教学的生命线。教学中应该坚持"延迟判断"的原则，即使学生对物理结论的判断，产生于经历必要的认知过程之后。

教育心理学理论告诉我们，学生学习物理时的认知活动，与科学家研究物理的活动相比较，有着很多相同点。物理规律教学模式的着眼点是以人们的认知过程为主线，将科学家的原发现过程，从教育与教学的角度，进行必要的剪辑和编制，让学生追根溯源，把他们带至问题开始的地方，使教学过程真正成为学生主动参与的"再发现"过程、"准研究"过程。物理规律教学模式如图 2-5 所示。

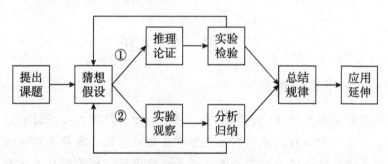

图 2-5　物理规律教学模式

其中，途径①采用的是科学演绎法，是由一般到特殊，从基本原理出发，经过演绎推理，得出相应的规律和结论；途径②采用的是科学归纳法，是由特殊到一般，在大量实验事实的基础上，总结、概括出一般的物理规律来。

如简谐振动的规律，教学中如果没有对这种特殊运动的物理过程进行全面细致的分析，就贸然给出个公式 $F=-kx$，学生对其规律的理解

就会失之肤浅，甚至误认为其仅仅是胡克定律 $F=kx$ 的翻版。

为了改变这种舍本逐末的状况，应把教学的重点放在"解剖麻雀"上，即引导学生仔细观察弹簧振子(图 2-6)在一次全振动过程中，回复力 F、速度 v、加速度 a 以及位移 x 等物理量的变化情况，并要求他们尝试从中找出最基本的规律来。通过分析比较，学生发现：F 与 v 的方向时而相同时而相反，关系复杂多变；而 F 与 a 之间，虽然满足 $F=ma$(牛顿第二定律)，但又仅具共性，缺乏个性；再看 F 与 x，两者的方向始终相反，大小又成正比，所以它们之间的关系最能准确而简明地反映简谐振动中力与运动的基本规律。这样，学生对于公式 $F=-kx$ 也就不仅知其然，而且更知其所以然了。

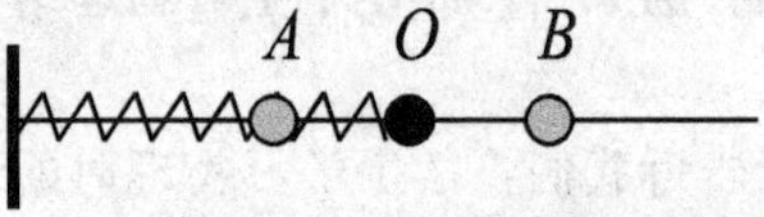

图 2-6 弹簧振子

采用"延迟判断"进行物理规律教学，固然会拉长建立规律的时间，但是"磨刀不误砍柴工"，学生对规律的理解将会更加深刻，运用也能灵活自如，最终还是提高了教学效率。

教学案例：欧姆定律

一、关于课题选定

学生在初中已经学过欧姆定律，但学生对该规律的发现过程，还缺乏相应的经历和体验。学生在高中重学欧姆定律时，教师要把该规律产生、发展的过程给学生重演，要让学生追根溯源，把他们推到问题开始的地方，使教学过程成为学生主动参与的"再发现""准研究"的过程。

通过对"老知识"的重新探索，学生能提高自己的科学素养。有些教师教授该课时，把该规律如何建立的省去，省下时间让学生多做习题，这是不对的。我们应该用"延迟判断"的方法，给学生足够的思维时间和空间，以使他们对物理结论的判断，产生于经历必要的认识过程之后。

二、关于教材处理

本节课的教材组织及教学流程，可以用图 2-7 表示。

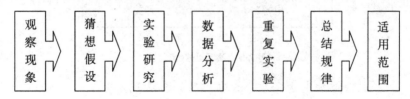

图 2-7　教学流程

图 2-7 体现了物理规律教学的过程。在教学时，教师要引导学生自己设计实验，观察、分析、归纳实验现象，并在最后给出设计实验，对物理规律进行修正。

值得一提的是，教师巧妙地将定值电阻换为电动机，这不仅在课堂上引起了一个高潮，使学生获得一个新的冲击，激发他们思考，而且解决了"恒定电流"教学中的一个难点，使学生对"电动机"问题有更形象化的认识。可谓"一石二鸟"，精彩至极。

三、关于教法设计

这类课题如果沿用"教师讲授，介绍原理"的传统教法，很可能造成教师呆板地讲、学生被动地听的局面。学生所获得的也只是些静态的知识（现成结论），无法掌握那些动态的知识（蕴含于研究过程中的科学方法），他们的探索思维和探究精神也得不到开发。

本课以"教师学生共同探索、共同学习"为教学思想，坚持"延迟判断"的原则，把教材内容巧妙地分割为若干个探究过程，引导学生逐步探索物理规律，扩大学生的思维空间。教学内容由浅入深，课堂高潮迭起。课堂精彩之峰，也是新知完整之时。这样的教法设计，不仅使学生获得新知，更能培养他们的探索能力，使他们体验到科学研究方法。

四、教学过程

师：在初中阶段，我们已经了解了"欧姆定律"，今天我们重新探究一下该规律。

（给出如图 2-8 所示的实验电路图。）

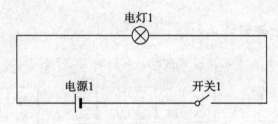

图 2-8　演示小灯泡发光

师：逐渐增加电池个数，大家观察到什么现象？

（观察现象。）

生：电池不断增加，电灯越来越亮。

师：同学们猜想一下，灯泡两端电压和电流是什么关系？

生甲：电压越大，电流越大。

生乙：（脱口而出）成正比。

（猜想假设。）

师：你怎么知道成正比啊？

（让学生拿出证据，迫使学生回到问题起点，怎样验证他们的猜想假设。）

师：现在给你们一些时间，小组讨论一下，可以设计什么样的实验来验证你们的猜想。

（学生进行分组实验，讨论热烈。）

生：根据所给器材，我们小组设计了这样的实验，如图 2-9。

（教师板书展示。）

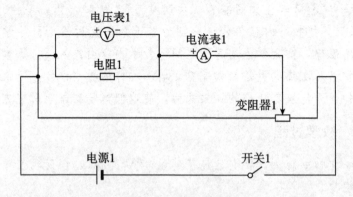

图 2-9　研究小灯泡的电压和电流关系

师：请说一下你们的实验设计思路。

生：按电路图连接实验器材。闭合开关，改变滑动变阻器阻值，记录电流表、电压表读数，然后在 U-I 图像上描点，拟合。

师：你根据你们小组的实验，得到了什么样的结论。

生：我得到一条过原点的倾斜直线。因此，得到电压与电流成正比。

（数据分析。）

师：一个科学结论的得出不应该是有限的偶然几次的观察结果，要经受重复实验的检验。丁肇中发现新粒子做了几百次实验，磁单极现在还没有被完全认可，就因为没有再重现。所以，我给你们小组的建议是改变定值电阻阻值，重复实验。

（重复实验。）

师：这样咱们才能得到结论……

生：（异口同声）$I = \dfrac{U}{R}$。

（总结规律。）

师：物理学的规律就是通过"观察现象—猜想假设—实验研究—数据分析—重复实验—总结规律"的过程得到的。

（板书。）

师：（进一步启发）我在这个小组的设计基础上又设计了这样的实验，用电动机替代上个实验中的定值电阻，如图 2-10。

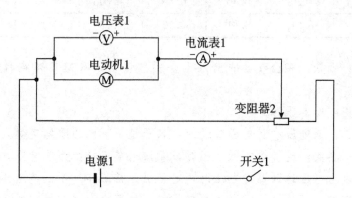

图 2-10 研究电动机两端电压和电流关系

（教师演示实验，实物投影，调整几组低电压值，请一名同学来读数。）

师：请读出这几组对应的电压、电流值。

生：电压为 0.20 V 时，电流为 0.31 A。

电压为 0.40 V 时，电流为 0.61 A。

电压为 0.60 V 时，电流为 0.90 A。（表 2-3）

表 2-3　电动机两端电流和电压的关系

U/V	0.20	0.40	0.60			
I/A	0.31	0.61	0.90			

师：现在将电压调到 0.80 V（挡住电流表表盘），请同学们猜一下电流表的读数是多少？

生：（脱口而出）1.20 A。

（教师亮出表盘。）

师：0.38 A，不是 1.20 A。

（引起学生思想的巨大冲突，学生都在思考为什么出现这种情况。）

师：现在我再做几组实验。

电压为 1.00 V 时，电流为 0.41 A。

电压为 1.20 V 时，电流为 0.46 A。（表 2-4）

表 2-4　电动机两端电流和电压的关系

U/V	0.20	0.40	0.60	0.80	1.00	1.20
I/A	0.31	0.61	0.90	0.38	0.41	0.46

师：可见，实验数据的出入不是偶然误差，欧姆定律在什么范围适用？

生甲：低电压时……

生乙：低电压和高电压都适用，只不过是不同的欧姆定律。

师：其实，电动机在低电压时，无法正常工作，为纯电阻，符合欧姆定律。当电压达到额定电压时，电动机正常工作，不是纯电阻，不满足欧姆定律。可见，每一条规律都是相对的真理，有它的成立条件和适用范围。科学结论不是绝对的，需要大家不断地研究和探索。

第三节　物理实验教学
——渗透思想方法，让学生参与物理实验的设计过程

物理实验是手脑并用的实践活动。一个完整的实验教学，可以分成实验目的、实验原理、实验方案、实施步骤，以及实验结论等主要环节，它们之间互相联系，构成了一个有机的整体。物理实验教学模式如 2-11 所示。

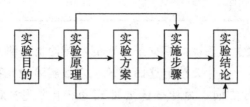

图 2-11　物理实验教学模式

有些实验教学模式常常定位于操作能力的培养，我认为物理实验教学的目标主要有：①提高操作能力；②掌握思想方法；③培养观念态度。图 2-11 所示模式中的第一步与第三步就着重体现了后两个目标的落实。

实验原理蕴含着丰富的物理思想和方法，对于其他环节有着重要的影响和指导作用，因而成为整个实验的核心，也是我们实验教学的重点。具体地说，对于那些著名的经典实验(如伽利略斜面实验、卡文迪许扭秤实验等)，应引导学生去追溯物理学家思考、研究的源头，领略他们精巧的设计、独到的方法或深刻的分析，从中汲取物理思想的营养。即便是教材中大量的演示实验和学生实验，我们也不能采取简单的"拿来主义"，让学生照方抓药，机械操作。"拿来主义"的教学方法看似简捷省时，效果却定然不好。在实验教学中，我们不能仅仅满足实验结论的重复性，而要突出实验思想的探索性，应尽量再现实验的设计过程，多让学生想想：应该怎样做？为什么要这样做？换种方法能不能做？以此来渗透物理思想，启迪学生思路。

例如，"楞次定律"的教学离不开实验。一般的做法，是要求学生按事先设定的四种情况操作，观察并依次填写原磁场(Φ)的方向、原磁通

量的变化（$\Delta\Phi$）、感应电流（$I_{感}$）的方向以及感应电流磁场（$\Phi_{感}$）的方向等，最后归纳出结论。（表 2-5）

表 2-5　探究感应电流的方向

	N 极插入	N 极拔出	S 极插入	S 极拔出
原磁场的方向				
原磁通量的变化				
感应电流的方向				
感应电流磁场的方向				
结论				

这样进行教学，应该说流程是顺畅的，结论也是明确的。但如果在实验之后问学生：为什么选定这四种情况来做实验呢？我们的目的是确定感应电流 $I_{感}$ 的方向，为什么还要扯到 $\Phi_{感}$ 上去呢？对此，恐怕多数学生是会被问住的。究其原因，是在上述的实验教学中，没有突出物理思想方法，没有让学生真正参与实验的设计过程，他们只是循着指令在做"广播操"，而没有将实验操作与思维活动有机地结合起来。我们对此做了如下的改进。

提出课题后，先引导学生观察图 2-12 所示的实验，并思考：感应电流 $I_{感}$ 的方向可能与哪些因素有关？经过讨论，学生不难得出，$I_{感}$ 的方向取决于原磁场的方向（向上或向下），以及磁场的变化（增大或减少）。在此基础上，学生自行设计出了包括表 2-5 所列四种情况的实验方案。

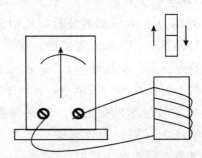

图 2-12　判断影响感应电流 $I_{感}$ 方向的因素

接着让学生实际观察并记录各种不同情况下，原磁场的方向和变化以及相应的感应电流方向。然后要求他们分析 Φ、$\Delta\Phi$ 与 $I_感$ 之间的关系，如图 2-13 所示，看能否从中概括出有关的规律来。学生发现，尽管原磁场的变化 $\Delta\Phi$ 是产生感应电流 $I_感$ 的直接原因，但 $\Delta\Phi$ 与 $I_感$ 两者之间却并未显示出某种明确的对应关系。怎么办呢？学生的思维很快被激发起来，处于一种亢奋状态。这时，教师就因势利导，启发学生另辟蹊径：能否设法找出一个既与 $\Delta\Phi$ 有关，又与 $I_感$ 有关的"中间量"，通过它的中介作用，来确定 $\Delta\Phi$ 和 $I_感$ 的关系呢？经过讨论大家想到，感应电流产生的磁场 $\Phi_感$ 或许能充当这样的角色。因此，实验的关键就要看感应电流产生的磁场 $\Phi_感$ 与原磁场的变化 $\Delta\Phi$ 之间是否有着一定的内在联系。

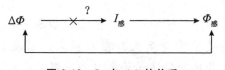

图 2-13　$I_感$ 与 $\Delta\Phi$ 的关系

学生按着这样的思路继续实验，并对各种情况下的 $\Phi_感$ 与 $\Delta\Phi$ 进行分析比较，终于从中概括出了规律性的结论。

实践表明，在实验教学中有意识地创设一种探索的氛围，使它带上一定的研究色彩，将会促使学生更好地领会实验思想的精髓，有助于提高他们的实验素养和能力。

教学案例：回旋加速器

一、关于课题选定

回旋加速器作为一种高科技的实验设备，学生往往对其怀有浓厚的学习兴趣，教师可以借此培养他们运用物理知识分析和解决实际问题的能力。如能有意识地让学生涉足当今科学的前沿"圣地"，哪怕是十分粗浅，也会有助于他们开阔视野，培养志趣。同时，回旋加速器又是洛伦兹力应用的著名实例，借此机会，学生可对电磁学的有关知识做一次较广泛的复习和运用。因此，本课题虽属选学内容，但在学生条件许可的情况下，仍然值得一学。

二、关于教材处理

本节课的教材组织及教学流程，可用图 2-14 表示。

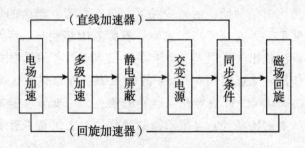

图 2-14　回旋加速器教学流程

值得说明的问题是：在顺序上，把直线加速器提在前，而将回旋加速器置于后，这样是否有悖史实？在内容上，回旋加速器是课题的中心，但却要花相当长的时间去讨论直线加速器，这样是否喧宾夺主？

教学过程应该是有序的，这就要求教师必须牢牢把握两条脉络：一是教材知识的内在联系，二是学生认识的发展规律。为此，教师应能驾驭教材，对教学内容做一番必要的剪辑或加工，这也是一种教学艺术的再创造。

本节教案作如上安排，正是为了体现这种有序性。从知识的内在联系看，直线加速器与回旋加速器的工作原理有着诸多相同之处，因此可将前者作为后者的铺垫。学生在理解直线加速器原理的基础上，一旦突破"磁场回旋"这个拐点，回旋加速器的得出就是水到渠成的了。再从学生的认知规律看，他们对直线加速器的理解，一般要比回旋加速器来得容易，于是可把前者当作后者的桥梁。学生在解剖直线加速器这只"麻雀"的过程中，发现了加速器应具备的若干重要条件，并经过总结、整理，建立起相应的认知结构。以此为依托，有关回旋加速器的内容就可以通过与结构中的有关知识的互相作用，实现同化，从而顺利达成知识的迁移。

三、关于教法设计

本设计试图改变"讲解原理，介绍结构"的传统教法，按照"教师为主导，学生为主体，过程为主线"的教学设想，采取了引导探究的教学方法。即把教材内容有机地划分成若干个探究阶段，并辅之以一系列环环相扣的问题，铺设成一条通往知识高峰的阶梯，力求拓展课题的探究过程，尽量扩大学生的活动空间。在整个过程中，既有学生的积极参与、拾级攀登，又有教师的点拨引导、及时调控。师生双边的信息交流，不断地将教学活动引向深入，使学生在获取新知的同时，还亲身体验到科学研究的思想方法，进一步培养了他们的能力。

四、教学过程

师：在现代物理学中，为了研究物质的微观结构，人们往往利用能量很高的带电粒子作为"炮弹"，去轰击各种原子核，以观察它们的变化规律。为了大量地产生高能粒子，人们要用到一种叫加速器的实验设备。同学们一定听说过北京正负电子对撞机吧，它就是我国于 1989 年年初投入运行的第一台高能粒子加速器，能使正负电子束流的能量分别达到 28 亿电子伏。

加速器究竟是怎样产生高能带电粒子的呢？这就是我们今天要学习的课题。让我们以探索者的身份，从已有的基础知识出发，一起去寻求问题的答案吧。

（由加速器的重要应用以及我国科技成就导出课题，可以激发学生的求知欲望；要求学生以探索者的身份进入角色，旨在将他们推上学习的主体地位。）

师：用什么方法可以使带电粒子加速？

生：利用电场可使带电粒子加速。

师：（板画图 2-15）根据图示条件，带电粒子加速后可获得多大能量？

图 2-15　带电粒子在电场中加速

生：$E_k = mv^2/2 = qU$。

师：回答正确。由此看来，要获得高能量的带电粒子，就必须尽量提高加速电压。但我们知道，实际能达到的电压值总是有限的，不可能太高，因而用这种方法加速粒子，获得的能量也不够大，只能达到几十万电子伏。请同学们想一想，如何突破电压限制，使带电粒子获得更大的能量呢？

（疑问是思维的源头，问题是探索的中心。教学中及时、巧妙地存疑设问，是教师主导作用的重要体现。）

生甲：我想是否可以再加几个电场，让带电粒子逐一通过它们。

（教师根据学生回答，将图2-15改画成图2-16。）

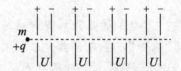

图2-16　多级极板加速器

师：大家认为这种设想有道理吗？

生乙：我认为有道理。这样一来，每个电场的电压就不必很高。尽管带电粒子每次加速得到的能量不是很大，但最后的总能量却可达到$E_k = nqU$，只要增加电场的数目，就可使粒子获得足够大的能量。

师：说得对。采用多个电场，使带电粒子实现多级加速，这确实是突破电压限制的好方法。同学们能提出这样富有创见的设想，十分可贵。但是，我们再仔细推敲一下它的可行性：按图2-16所示的方案，真能实现多级加速吗？

（学生陷入沉思。顷刻，有部分学生恍然大悟。）

生丙：这个方案不可能获得高能量的带电粒子！

师：你发现什么问题了吗？

生丙：从图上可以看出，在相邻两级加速电场的中间，还夹着一个反向电场，当带电粒子通过它们时，将会受到阻碍作用。

师：丙同学考虑问题很全面，他不但看到了加速电场这有利的一面，同时还注意到了存在减速电场这不利的一面。那么，我们能否"兴利除弊"，设法把加速极板外侧的减速电场消除呢？

师：（进一步启发）请大家联系已学的知识想一想，要防止外界电场的干扰，可采用什么措施？

生：采用静电屏蔽。

师：对。我们可用金属圆筒代替原来的极板。（将图2-16改画成图2-17)这样，既可以在金属圆筒的间隙处形成加速电场，又使得圆筒内部的场强为零，从而消除了减速电场的不利影响。

图 2-17　多级金属圆筒加速器

师：再让我们讨论一下电源。为了简化装置，我们可用一个公用电源来提供各级的加速电压。（将图 2-17 改画成图 2-18）如果我们要加速一带正电的粒子，电源的极性保持恒定（A 正 B 负），你认为这个粒子能够"一路顺风"，不断加速吗？

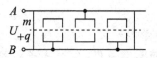

图 2-18　金属圆筒加速器改进图

生：不能。因为按这样的极性，带电粒子在第一级电场中能得到加速，但到了下一级就会减速，粒子从加速电场得到的能量，将在减速电场中丧失殆尽。

师：说得很对。我们有什么方法可以解决这个问题吗？

生：如果能及时地改变电源的极性，就可以解决这个问题了。

师：好主意！你能对照图 2-18 具体说明一下"及时"的含义吗？

生：设开始时电源极性为 A 正 B 负，带正电粒子在第一级电场中加速，当它穿过第一个圆筒即将进入第二级电场时，电源极性应立即变为 A 负 B 正，使粒子又能继续加速。同理，当它穿过第二个圆筒刚要进入第三级电场时，电源又及时地改变极性……以后也是如此。

师：分析正确。可见，为了实现带电粒子的多级加速，应该采用交变电源；并且，电源极性的变化还必须与粒子的运动配合默契，步调一致，即要满足同步条件，这是确保加速器正常工作的关键所在。那么，如何做到这一点呢？如果使交变电源以恒定的频率交替改变极性，能够满足同步条件吗？

生甲：不能满足。因为带电粒子加速之后的速度越来越大，若金属圆筒的长度相等，则它每次穿越的时间就会越来越短。如要保证同步，电源频率应该越来越高才行。

师：谁还有不同的见解吗？

生乙：我认为当电源频率恒定时，也有可能满足同步条件，只要使得金属圆筒的长度随着粒子速度的增大而相应地加长就行了。

师：甲、乙两位同学的意见可谓异曲同工，都有可能满足同步条件。在具体实施时，人们一般采用的是后一种方案。很明显，实施这种方案的关键，在于合理地设计金属圆筒的长度。那么，各圆筒之长究竟应符合怎样的关系才行呢？这个问题稍微复杂一点，但只要运用我们所学的有关知识，也是不难解决的。有兴趣的同学在课后可以继续讨论，去完成这项设计任务。

（教学内容的安排应有弹性，注意留有余地，以贯彻"因材施教"的原则。）

师：通过以上的探索和研究，我们实际上已经勾画出一台加速器的雏形了。"麻雀虽小，五脏俱全"，它包含着一般加速器应具备的几个基本要素。下面，就请同学们一起进行小结。

（根据学生回答，归纳并板书，关键字词用横线突出。）

①利用<u>电场</u>加速带电粒子。

②通过<u>多级加速</u>获得高能粒子。

③将加速电场以外的区域<u>静电屏蔽</u>。

④采用<u>交变电源</u>提供加速电压。

⑤电场交替变化与带电粒子运动应满足<u>同步条件</u>。

（此段小结很有必要。它不仅可将前段探究活动的成果及时整理、提炼，充实和完善学生的认知结构，同时，也为接着学习回旋加速器奠定了基础，从而起到了承前启后的作用。）

师：刚才讨论的这类加速器，人们通常称之为直线加速器。例如，北京正负电子对撞机的注入器部分，就是一个全长200多米的直线加速器。这类加速器固然有其优点，但它的设备一字排开，往往显得拖沓冗长。于是，我们自然会想：能否寻找一种既可使带电粒子实现多级加速，又不必增加设备长度的方法呢？

（学生思考、议论。）

师：（自言自语）如果只用一个电场，带电粒子经过加速后还会再次返回，那就好了。用什么方法能使粒子自动返回呢？

生：（豁然开朗）外加磁场！利用带电粒子在匀强磁场中做圆周运动的特点，可使它重返电场，再次加速。

师：好，这的确是个巧妙的构想，说不定它还会导致一种新型加速器的诞生呢！

（学生情绪亢奋，信心骤增。）

（探究活动同样需要有情绪力量的投入。为此，教师讲课不妨带些"情感色彩"，以利于渲染教学氛围，激活学习动因。）

师：下面就让我们按照这条思路，来具体分析一下工作原理。

如图 2-19 所示，设位于加速电场中心的粒子源发出一个带正电的粒子，以速率 v_0 垂直进入匀强磁场中。如果它在电场和磁场的协同配合下，不断地得到加速，你能大致画出粒子的运动轨迹来吗？请同学们动手试试。要边画图，边思考，并注意联系前面归纳出的几条结论。

（教师巡视，对有困难的学生予以指导。多数学生完成之后，选择一人板画，得图 2-20 所示轨迹。）

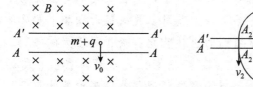 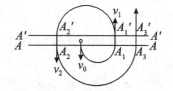

图 2-19 回旋加速器原理　图 2-20 回旋加速器中电子的轨迹

师：同学们都已把带电粒子的运动轨迹画出来了。接下来，请大家思考几个问题。第一，从轨迹来看，它是条半径越来越大的螺旋线，这是什么缘故？

生：根据带电粒子在匀强磁场中运动的半径公式 $R=\dfrac{mv}{Bq}$ 可知，随着粒子不断加速，它的速度越来越大，因此，半径也相应增大。

师：对。再看第二个问题：为使带电粒子不断得到加速，提供加速电压的电源应符合怎样的要求？

生：要采用交变电源，并且，还必须使电源极性的变化与粒子的运动保持同步。

师：你能对照图 2-20，再具体说明一下吗？

生：带正电的粒子以速度 v_0 进入磁场，当它运动半周后到达 A_1 时，电源极性应是"A 正 A' 负"，粒子被电场加速，速率从 v_0 增加到 v_1。然后粒子继续在磁场中运动半周，当它到达 $A_2{}'$ 时，电源极性应及时变为"A 负 A' 正"，使粒子再次加速，速率从 v_1 增加到 v_2。以后的情形就依此类推。

师：回答正确。从刚才的分析可以看出，电场的作用是使粒子加速，磁场的作用则使粒子回旋，两者的分工非常明确，同时，它们又配合得十分默契：电源交替变化一周，粒子被加速两次，并恰好回旋一周，这正是确保加速器正常运行的同步条件（板书如下）。

$$\left.\begin{array}{l}\text{电场（加速）}\\\text{磁场（回旋）}\end{array}\right\} \longrightarrow \text{同步}(f_{\text{电源}} = \frac{1}{T_{\text{粒子}}})$$

师：还有第三个问题，随着粒子不断加速，它的速度和半径都在不断增大，为了满足同步条件，电源的频率也要相应变化吗？

生：不需变化，因为带电粒子在匀强磁场中的运动周期 $T = \frac{2\pi m}{Bq}$，与速度无关。

师：说得对。对于给定的带电粒子，它在一定的匀强磁场中运动的周期是恒定的。有了这一条，我们就可以免去随时调整电源频率以求同步的麻烦了，为最终实施我们的上述构想，提供了极大的便利。

早在1932年，美国物理学家劳伦斯正是沿着与我们相仿的巧妙思路发明了回旋加速器，从而使人类在获得具有较高能量的粒子方面迈进了一大步。为此，劳伦斯荣获了诺贝尔物理学奖。

（学生再次体验到成功的喜悦，似乎他们也分享到了其中的一份。）

师：下面让我们来看回旋加速器的基本结构。（出示挂图）从图上可以看出，回旋加速器主要由下列几部分组成（板书）：D形盒、强电磁铁、交变电源、粒子源、引出装置等。其中，两个空心的D形金属盒是它的核心部分。同学们能说明它的作用吗？

（让学生自学教材相关内容，然后回答。）

生甲：这两个D形盒就是两个电极，可在它们的缝间形成加速电场。

师：谁还有补充吗？

生乙：它还起到静电屏蔽的作用，使带电粒子在金属盒内只受磁场力作用，从而做匀速圆周运动。

师：书上还提到一个细节，"两个D形盒之间留一个窄缝"。想一下，为什么要留窄缝？宽些就不成吗？

生丙：如果缝很宽，粒子穿越电场所用的时间就不容忽略。而这个时间是要随粒子运动速度的增加而变化的，从而使得粒子回旋一周所需的时间也将随之变化，这就会破坏同步条件。如果是窄缝，粒子在电场中运动的时间可以不计，就可避免不同步的麻烦了。

师：说得很对。看来同学们对回旋加速器的原理和结构已有了一定的理解。在此基础上，请大家再讨论一个问题：假如由你来设计一台回旋加速器，要求能使带电粒子获得更高的能量，你打算采用哪些措施？

（提出这种设计性问题的目的，在于深化学生思维，活化物理知识，使学习活动跨上更高的台阶。）

生甲：可以提高电源的电压。由公式 $E_k = qU$ 可知，电压值大了，粒子获得的能量也大。

生乙：还可以加大 D 形盒的半径，使带电粒子有更大的回旋余地，随着加速次数的增多，粒子具有的能量也就更大。

生丙：也可以增加磁感应强度。根据公式 $R = \dfrac{mv}{Bq}$，对应于一定的速度，B 值越大，粒子的回旋半径 R 就越小，这样它在 D 形盒内就可以兜更多的圈，从而获得更大的能量。

师：对于上面几位同学的意见，大家有没有补充或不同的看法？

生丁：我认为甲同学的说法不对。因为提高了电源的电压后，尽管可以使粒子每次加速获得的能量增大，但相应的回旋半径也要增大，这又会使得加速次数减少，最后粒子的总能量不见得变大。

师：同学们能发表不同的见解，这很好。究竟谁是谁非呢？我们还可以进一步分析：在回旋加速器的最大半径和磁场都确定的条件下，带电粒子所达到的最大速率为 $v_m = \dfrac{BRq}{m}$，则相应的最高能量就是 $E_m = \dfrac{mv_m^2}{2} = \dfrac{B^2 R^2 q^2}{2m}$。这就告诉我们，对于给定的带电粒子来说，它能获得的最高能量与 D 形电极半径的平方成正比，与磁感应强度的平方成正比，而与加速电压没有直接的关系。

讲到这里，有的同学可能会想，如果尽量增强回旋加速器的磁场或加大 D 形盒半径，我们不就可以使带电粒子获得任意高的能量了吗？实际并非如此。用这种经典的回旋加速器来加速粒子，最高能量只能达到 20 兆电子伏。这是因为当粒子的速率大到接近光速时，按照相对论原理，粒子的质量将随着速率的增大而明显地增加，从而使粒子的回旋周期也随之变化，这就破坏了加速器的同步条件。

为了获得更高能量的带电粒子，人们又继续寻找新的途径。例如，设法使交变电源的变化周期始终与粒子的回旋周期保持一致，于是就出现了同步回旋加速器。除此之外，人们还设计制造出多种其他的新型加速器。

我国在高能粒子研究方面发展很快，并取得了多项世界瞩目的成就。希望同学们树立志向，奋发学习，将来把祖国的科学技术推向世界的最前沿！

第四节　物理习题教学
——注重过程分析，让学生亲历物理问题的解决过程

物理是一门实践性很强的学科，学生只有通过参与一定的实践活动，才能将学得的知识最终转化为自己的能力。物理解题就是一种重要的实践活动。

目前，习题教学还存在着轻物理过程分析、重解题技法传授的倾向。学生虽然记住了一大堆解题的"要领""诀窍"，但不会进行知识的迁移，知识缺乏生长力。实践表明，这种把习题教学游离于物理过程分析之外的做法，对学生物理素养的提高是很难奏效的。

我曾要求学生实地估测自行车在行进时所受阻力的大小（图 2-21甲）。不想这么一个简单的问题却把学生难住了，他们推着自行车在操场上团团转，就是不知该如何入手。后来让他们回教室演算一道类似的题目（图 2-21 乙）：质量为 m 的物体以一定初速度沿水平地面做匀减速运动，最后停止，设所用时间为 t，通过位移为 s，试求物体在运动过程中所受阻力的大小。结果大家很快就求出了答案。

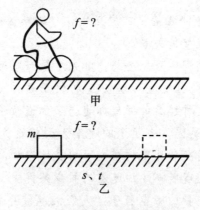

图 2-21　阻力与运动示意图

一般的物理问题，是由初态（条件）和终态（目标）组成的，解题者的任务，就是要寻找一系列由初态逐渐逼近终态的中间状态。具体地说，就是通过审读题目，在明确对象、分析过程（或状态）的基础上，构造出适合题意的物理模型，从而使"实际问题"转化为"物理问题"；接着选用相应的物理规律，列出方程，把"物理问题"转化为"数学问题"；然后求解作答，得出"问题结果"，并将其纳入原问题的情境中，予以"检验讨论"，对解题过程做出评价。由此可见，求解物理习题的过程，也就是学生主动参与的认知过程，它具有一个完整的认知操作序列。物理习题教学模式如图 2-22 所示。

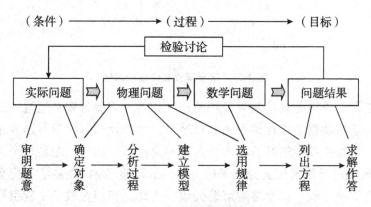

图 2-22 物理习题教学模式

在上述过程中，物理模型的构建是至关重要的。它既是使复杂的实际问题转化为相应的物理问题的前提，也是正确选用物理规律、求解物理问题的依据，因而起着承上启下的关键作用。在教学中，有的教师往往把众多的物理题目机械地划分为各类题型，诸如斜面问题、平面问题等，结果是越分越多。其实，正确的策略应是以少胜多抓模型。许多物理题目，尽管形式各异，但其内核是相同的，都来源于同一个原型题，即"母题"。它们只是稍加演变而成的"子题"，甚至是"孙题"；正是这无数的"子题"和"孙题"，才形成了目前无边无际的题海。然而其中的"母题"为数却并不多。一类母题其实就是一种模型。如"子弹打木块"就是典型的力学模型，涉及两个物体相互作用的题目，大多可以归为这种模型。对于这样的问题，我们要舍得花工夫，引导学生深入分析其中的物理过程，并从不同的角度，如力与运动的关系、功与能的关系、冲量与动量的关系等方面加以剖析，以求透彻理解，最终达到解一题带一片的效果。

如图 2-23 甲所示，质量均为 m 的金属棒 ab、cd 放在光滑的水平导轨上，整个装置处于竖直方向的匀强磁场中，现给 ab 施一瞬时冲量，使它以初速度 v_0 开始运动，则 ab 和 cd 两棒的最终速度多大？（设导轨无限长，两棒最终未接触。）

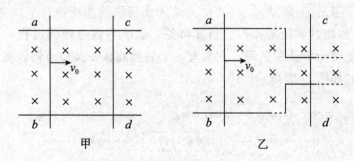

图 2-23　双金属棒在磁场中运动

该题的关键是确认两棒最终的速度相等，只要告知学生这一点，他们就会运用动量守恒定律很快求得结果。但为什么两棒最终速度是相等的呢？学生往往不知其所以然。在这种情况下，如将原题稍加变化，使 cd 棒所在的导轨宽度变为原来的一半（图 2-23 乙），许多学生仍套用上述结论如法炮制，从而导致解题失败。为此，我们在教学中应引导学生详细分析题目所涉及的物理过程，搞清有关物理量的相互关系、变化趋势，以及最终的稳态特点，向学生充分展示该问题的物理过程，如图 2-24 所示。

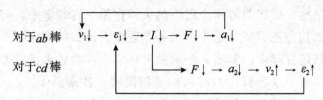

图 2-24　金属棒在磁场中的运动分析

很明显，当两棒速度 $v_1 = v_2$ 时，物理过程的变化发展将会达到一个相对稳定的状态。只有在这样扎实的物理过程分析基础上得出的结论，才能内化为学生真正理解和掌握的东西。

总之，题目的情境与类型，只是问题的外壳，而对物理过程的分析才是问题的内核。淡化题型，突出内核，这是值得我们坚持的原则。

对吴加澍教学模式的研究

吴老师认为："大凡写在教科书上的，多是科学研究的结果，是科学家思维活动的结晶，是静态知识。它掩盖了知识形成与发展的生动过程，使学习者难以体验探索和发现的喜悦。尤其是物理学家们那独特的思路、精巧的方法以及认知的升华，在教材中被过滤了。蕴含在科学研究过程中的思想、方法才是动态的知识，从某种意义上说，它更值得我们去开发和利用，教师的任务就是要揭开教材这种严谨抽象的面纱，让学生亲自参与知识的再发现过程，去经历探索的磨砺，从中汲取更多的营养。"上述论述充分体现了现代建构主义思想。吴老师特别重视知识的个性化，他说："知识，如果没有学习者的亲身体验与感悟，它们充其量只是些无活力的概念的堆砌，用不上也忘得快。只有经过学习者充分的内化活动，使之转化为个性化知识，即成为学生个体的经验、智慧和方法后，课本知识才能被激活，从而具有新的生命和价值。"

学的过程是教的依据，教师要首先弄清学生的学习过程与学习规律，才能进行教的模式的建构。吴老师曾说："物理教学的过程，就其本质而言，首先是学生的认知过程。"他认为，"课堂教学中有着三维因素(教材、学生、教师)，相应地有着三种结构形态(知识结构、认知结构、教学结构)，每种结构又有各自的规律(知识序、思维序、教学序)。我们要在物理教学过程中，同步、有效地进行科学思维训练，就必须做到三序合一"。上述教学思想正是吴老师构建教学模式的出发点。

1. 对物理概念教学模式的分析

对于物理概念的教学，过去多把侧重点放在知识的传授上，强调的是讲清概念的内涵、外延以及与相关概念的联系与区别，至于概念的来龙去脉以及形成与发展的过程，则轻描淡写，甚至一笔带过。这种"斩头去尾烧中间"的做法，强化了教学的结果，而忽视了教学的过程，其结果不仅减弱了概念教学本身，而且也有碍于学生能力的培养。物理概念是从大量的物理现象和过程中抽象出来的，它深刻地反映了事物的共同特征和本质属性，因此可以说，概念是浓缩了的知识点。为了使学生更好地理解概念的物理意义，吴老师认为应该将教材中浓缩而成的物理概念充分地"稀释还原"，这与加涅现代教学理论中的"演示模式"十分相符。

2. 对物理规律教学模式的分析

物理规律反映的是物理概念之间的联系，从这个意义来说，物理规律是压缩了的知识链。吴老师认为，"在教学中，我们的首要工作，并不是急于把这些前人获得的结论直接告诉给学生，让学生尽快占有它们。诚如爱因斯坦所说，'对真理的探求比对真理的占有更可贵'。我们在教学中要使学生对物理结论的判断，产生于经历必要的认知过程之后。教师要引导学生积极参与物理规律的发现和推理过程，使探索真正成为物理教学的生命线"。

教育心理学理论告诉我们，学生学习物理时的认知活动，与科学家研究物理的活动相比较，有着很多相同点。规律教学模式的着眼点是以人们的认知过程为主线，将科学家的原发现过程，从教育与教学的角度，进行必要的剪辑和编制，让学生追根溯源，把他们带至问题开始的地方，使教学过程真正成为学生主动参与的"再发现"过程、"准研究"过程。

3. 对物理实验教学模式的分析

吴老师认为，物理实验教学的目标主要有：①提高操作能力；②掌握思想方法；③培养观念态度。实验原理蕴含着丰富的物理思想和方法，对于其他环节有着重要的影响和指导作用，因而成为整个实验的核心，也是实验教学的重点。吴老师倡导，对那些著名的经典实验，应引导学生去追溯物理学家思考、研究的源头，领略他们精巧的设计、独到的方法或深刻的分析，从中汲取物理思想的营养。

吴老师的观点无疑切中了实验教学的要点，物理实验不能采取简单的"拿来主义"，让学生照方抓药，机械操作。"拿来主义"的教学方法看似简捷省时，效果却定然不好。在实验教学中，我们不能仅仅满足实验结论的重复性，而要突出实验思想的探索性，应尽量再现实验的设计过程，多让学生想想：应该怎样做？为什么要这样做？换种方法能不能做？以此来渗透物理思想，启迪学生思路。

4. 对物理习题教学的研究

吴老师认为，"物理是一门实践性很强的学科，学生只有通过参与一定的实践活动，才能将学得的知识转化为自己的能力。物理解题就是一种重要的实践活动"。一般的物理问题，是由初态(条件)和终态(目标)组成的，解题者的任务，就在于寻找一系列由初态逐渐逼近终态的中间状态。具体地说，就是通过审题，在明确对象、分析过程（或状态）的基础上，构造出适合题意的物理模型，使"实际问题"转化为"物理问题"；接着选用相应的物理规律，使"物理问题"转化为"数学问题"；然后求解作答，得出"问题结果"；最后将所得的结果返回到原问题的情境中，予以"检验讨论"。可以看出，吴老师构建习题教学模式的出发点是培养学生解决实际问题的能力，突出了"建模"的思想，立足于设想自己是一个面临问题的学生，将思维过程与教学过程有机地联系起来，着眼点是解决问题的思维方法。

　　与常规的教学模式相比，吴老师对上述四种类型的教学模式的构建有一个基本的特点，就是超越了课时的界定。常规教学模式的着眼点通常是教师，着力点常常放在"课"的结构上，而吴老师的教学模式的着眼点是学生的学习过程，着力点放在学习目标（学习过程）的达成上，这些模式更加体现了学习过程的完整性。

第三章　优化物理教学过程——教学策略

　　吴加澍老师提出的"以实验为基础、以思维为中心、以过程为主线、以变式为手段"的教学策略，既可以理解成物理教学的理念，又可以看成物理教学的大策略；既有丰富的教学实践经验为基础，又有现代教育理论的指导。

第一节　以实验为基础

一、增强实验意识

　　物理教学必须以实验为基础，这已经成为广大物理教师的共识，无论从物理学科的特点，或者从学生的年龄、心理特点，还是从物理教学的目标等方面来看，我们都可以列举出若干条充分的理由，来论证这样做的必要性，在此无须赘述。但是，眼下的问题是，一致的认识似乎并没有形成一致的行动。目前，实验在整个物理教学中，仍是最薄弱的一环，它的地位尚未保证，作用更有待发挥。原因当然是多方面的，既有客观条件的限制，还有高考副作用的影响，但最主要的还是主观因素。在许多情况下，我们对实验的认识，往往只满足于口头上的泛泛而谈，或是书面上的应用文章，并没有在增强实验意识这个根本问题上认真地下功夫。

　　人们做事，总要受思想支配，而思想则往往由沉淀在深处的意识所决定。如果一个人在某方面的意识越强烈，则他相应的行动就越主动，越有效。就好比一个优秀的足球运动员，必须要有强烈的射门意识，只有这样，他才会在瞬息万变的赛场上积极主动地捕捉战机，去夺取胜利。同样，实验意识的增强，对于我们搞好物理实验教学，也起着极其重要的作用。

我记得，南京师范大学的刘炳昇教授曾来我省讲学，主要就是关于实验教学。他表演了很多精彩的实验，其中有一个"高空落蛋"的演示，我至今记忆犹新。这个实验很简单：用一根细线悬挂鸡蛋，通过支架、滑轮将其升至高处，然后放手落下，第一次掉在桌面上，鸡蛋破裂；第二次掉在厚厚的泡沫塑料上，鸡蛋完好无损。开始时，我对如此简单的现象也要演示一番，还真有些不以为然。但随着刘老师认真的操作，传神的演示，自己也不知不觉地进入了角色，目光紧紧盯着越升越高的鸡蛋。当它突然落下时，心里还忍不住抽动了一下。这个实验虽然简单，演示却很成功，完全吸引了在座听讲的教师。以后，每当学习动量定理这一课时，我也将它引进课堂，作为一个"传统节目"，每次必做，每次总是引得学生们满堂喝彩，收到了很好的课堂效果。

通过这件小事，我有两点感受。第一，"高空落蛋"的现象，原本也可通过教师的讲述，用语言形式来呈现，但与演示实验相比，视觉刺激要比听觉刺激强烈得多，具体形象要比再现形象鲜明得多。因此，在一些教师看起来似乎很容易理解，不需要实验的地方，恰恰是应当加强实验的地方。物理知识只有扎根于物理实验的沃土里，才能茁壮地成长。第二，"高空落蛋"的演示，无须复杂器材，更不用花高昂代价，可以说是人人可做，个个会做。但我自己过去为什么就没有想到去做呢？由此看来，造成目前实验薄弱的原因，并非全是"不能为"的问题，很多是属于"不想为"的问题。为了改变实验教学的现状，增添仪器设备当然需要，但增强实验意识更为需要。"瓶瓶罐罐当仪器，拼拼凑凑做实验"，这是著名物理学家朱正元先生的传世名言。它给我们的启迪，与其说是提出了因陋就简、器材代用的可能性，不如说是指出了更新观念、增强意识的重要性。对于一个具备较强实验意识的教师，瓶瓶罐罐也能当成仪器，信手拈来，照样做好实验；相反，对于实验意识薄弱的教师来说，纵然有现成的器材，也不愿采用，长期堆置于角落，实验仪器也变成"瓶瓶罐罐"。因此，作为一个物理教师，我们应该自觉地加强实验意识，充分发挥它在实验教学中的能动作用和导向作用，提高我们的实验素养。

当然，实验素养的构成，除了实验意识之外，动手能力也很重要，要做一个合格的物理教师，应该具备"三术"：一是学术，有扎实的专业功底；二是艺术，有较高的教学水平；三是技术，有较强的动手能力。

物理教师既要心灵口巧，更要心灵手巧。

中学物理教学必须以实验为基础，这首先符合物理学科的特点。物理学是一门实验科学，运用实验，能够创造出一种确定的、尽量排除干扰的物理环境，使我们能更有效地去发现和认识物理规律，这正是物理学科最根本的特色和优势。其次，以实验为基础也符合人们认识的特点。通过观察与实验，人们可以得到大量生动直观、富有启发性的感性材料，为进一步认识物理事物奠定必要的基础。最后，中学生好奇、好学、好动，在他们的心灵深处，有着一种强烈的愿望，希望自己能亲身去感受丰富多彩的物理世界，以实验为基础正好符合学生的心理特点，满足了他们的参与感。此外，物理实验教学，还可使学生受到科学方法的训练，提高分析、解决问题的能力，培养他们的科学态度和习惯，对于发展学生的全面素质是十分重要的。

二、发挥演示实验的功能

物理教学要想真正以实验为基础，就必须充分展现实验的魅力，淋漓尽致地发挥它的教学功能。近年来，我们探索运用演示实验，在以下诸方面起到了积极的作用。

1. 创设情境，引入课题

凡是成功的教学活动，总是在良好的教学情境中展开的。利用演示实验，可以有效地激活学生的动因，使得他们的智力或非智力因素迅速被调动起来，投入到新课题的学习活动中去。

从认识的角度来看，我们只有不断地打破学生原有的认知结构，使他们的思维远离平衡状态，才能让他们有效地调动起学习新课题的积极性。为此，我们可以运用实验手段，将新旧知识的矛盾尖锐地摆在学生面前，使他们的思维处于激烈的不平衡状态之中，从而带着要解决问题的迫切心情投入学习。例如用伏安法测电阻，学生在初中就学过原理，也做过实验。尽管高中对此课题的教学要求有所提高，要讨论安培表内接和外接时两种电路的误差情况，但是面对这两种电路，学生一开始的反应是淡漠的。因为在他们原有的认知图式中，这两种电路原本是等价的，他们的思维仍处于稳定的平衡状态之中。为了将学习引向深入，我们可以通过演示实验来激化矛盾，打破平衡：采用大型示教电表，分别用两种电路去测量同一只大电阻的阻值，两次测出的数据分别是$5.2\ \text{k}\Omega$

和 $2.0\ k\Omega$，然后又去测量同一只小电阻，得出的数据分别为 $5.0\ \Omega$ 和 $3.6\ \Omega$。悬殊的测量结果，形成了一种外来的强刺激，学生的思维被迅速地激发起来，从而使他们积极主动地参与新课题的学习。

2. 建立概念，掌握规律

物理概念和规律，都是物理现象（过程）的本质联系在人们头脑中的反映，据此，我们在物理教学中应向学生提供足够的感性材料。但是，这并不意味着要穷尽所有事例，越多越好。值得注意的是，在每个概念或规律涉及的大量事例中，有的本质特征比较明显，而有的非本质联系却很强烈，我们必须根据教学要求，精选那些最能反映事物本质的典型事例，运用实验手段，尽量使所要研究的现象（过程）形象鲜明，本质突出，以便于学生分析和概括。

这里我们以"瞬时速度"为例进行说明。对高一学生来说，这是个抽象难学的概念。如果我们照着课文宣讲："运动物体在某一时刻（或某一位置）的速度叫作瞬时速度。"这种说文解字式的诠释显然无助于概念的建立，如果仅仅告诉学生："速度计的读数就是瞬时速度。"这更没有道出有关概念的实质性含义。当然还可以举例说明：一个人站在公路旁，刚好有辆汽车从他身边疾驰而过，"好快呀！"这时他所感受到的就是汽车该时刻的瞬时速度。但这毕竟只限于直观体验的描述，远远谈不上对概念本质的揭示和把握。

为了使学生建立起这个概念，课文中有一段话："为了更精确地了解变速运动的运动情况，就要知道它在各个很短时间内的平均速度。"这样的处理意图，是要利用学生认知结构中已有的"平均速度"概念，以它作为"生长点"，通过同化作用来建立"瞬时速度"的新概念。但由于高一学生既缺乏相应的感性认识，更没有数学的极限思想，很难领会这段话的真谛。为此，如果我们运用实验手段，演示瞬时速度的实际测量过程，教学效果就会大不一样。

实验可在略倾斜的气垫导轨上进行（图 3-1）。要测定滑块通过 A 点的瞬时速度，可把光电门 G_1 固定在 A 点，把光电门 G_2 置于另一点 B。演示时通过改变 G_2 的位置，逐渐减少 AB 间的距离 Δs，并用计数器的"10 ms"挡测出相应的时间 Δt，最后算出各次平均速度 $\bar{v}$。

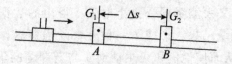

图 3-1　气垫导轨测速度

分析表 3-1 的数据，可以看出，随着 $\Delta s(\Delta t)$ 的逐渐减少，各平均速度值也随之接近，当 $\Delta s = 5.0$ cm 以后，平均速度已趋向一个定值。这表明，在如此短的位移（时间）内，我们所用的实验仪器已经检测不出滑块速度的变化了，因此可将其视作匀速运动，它的平均速度值当然也可以作为滑块通过 A 点的瞬时速度了。讲到这里，有的学生会提出：如果换用更精密的测量仪器，测出的速度值不是又要改变了吗？我们将计数器的时基改为"1 ms"后重做实验，结果证明了这种看法的合理性。接着，以此为契机，进一步启发学生超脱具体条件的局限，运用思维去继续"操作"实验（理想实验），从而使他们萌发出"无限逼近"的极限思想。学生的认识一旦进入这样的境地，实际上就已经触及瞬时速度概念的内核了。

表 3-1　气垫导轨测速度数据记录表

Δs/cm	40.0	30.0	20.0	10.0	5.0	3.0	1.0
Δt/s	1.03	0.80	0.55	0.29	0.15	0.09	0.03
$\bar{v}$/(cm · s^{-1})	38.8	37.5	36.4	34.5	33.3	33.3	33.3

3. 丰富表象，软化难点

"从生动的直观，到抽象的思维"，这是认识的基本规律。物理教学中诸多难点的形成，往往是由于学生缺乏相应的感性材料，表象单薄甚至畸化，因而不能建立起准确、清晰的物理图景。

以波动图像为例，对于如何突破这个难点，常有各类经验文章见诸物理杂志，不少作者还提出了多种多样的"口诀"让学生照此行事。这样是否就可以将波动图像难点一举突破了呢？我觉得把生动活泼的波动规律，僵化为呆板的操作指令，这种"变活为死"的做法并不可取。我们运用图像这个数学工具来描述物理规律，原本是为了增强形象，便于理解。但是，图像一旦与物理内容相脱离，就好似"魂不附体"，同样成为抽象的东西，只不过是以数学抽象去替代物理抽象罢了。正确的做法，诚如朱正元先生所说的"千言万语说不清，一看实验就分明"，还是要发挥物理学科的特点和优势，尽可能地运用多种直观手段去解决它。

首先，我们采用实物直观，演示水波、绳波以及弹簧波等多种波动现象，让学生对这种运动形态有具体形象的认识。接着运用模型直观，利用波动演示仪，模拟横波和纵波的形成，并指导学生分步观察：先看单个质点（每个质点都在平衡位置附近来回振动），再看相邻质点（后一质点总是重复前一质点的运动），最后综观全体质点（媒介的质点并没有随波迁移，传播的只是运动的形式）。还可以借助语言直观，通过比喻和类比，进一步丰富学生关于波动的表象。如爱因斯坦为了说明波动过程中质点并未"随波逐流"的特征，曾经比喻："一个谣言从伦敦传到爱丁堡，但制造谣言的人并没有在两地之间来回往返。"又如一本美国物理教材为了说明波动的形成，举了这样的例子：一大群影迷聚集在剧院门口，正在等待他们崇拜的明星出来。当明星刚在门口出现时，首先引起前排影迷的扰动，这种扰动迅速地向外传递开来，从而使得最后几排的影迷也感知到了明星的出现，尽管他们根本看不见明星的身影。如果我们把上述两种现象也称为"波"，不妨称前者是"谣言波"，后者则是"热情波"。尽管它们都是非物理波，但相比之下，同样具有波的基本特征：既有波源，又有媒介，还有传播机制。

通过以上多种直观手段的交替运用，为学生提供了丰富的表象材料，使他们在头脑中构建出一幅较为清晰、准确的波动图景。有了这个基础，我们再引导学生从理论上分析、归纳出解决波动图像问题的几条关键性规律，例如波动与振动在时空上的一致性，波在媒介中双向传播的可能性，以及波形图像的重复性，等等，就有可能从根本上突破这个难点。

4. 启迪思路，渗透方法

为了使学生更好地掌握分析、解决物理问题的思路和方法，我们还尝试将实验与习题教学有机地结合，利用演示实验起到言简意明、画龙点睛的效果。

例如，在分析图 3-2 所示的圆球是否受到墙的摩擦力作用时，我们用细线拴一周边光滑的圆盘，并按图示方式紧靠在黑板上，一松手，原来隐蔽的转动趋势马上就充分显露出来，静摩擦力的判断也随之迎刃而解了。通过演示，我们给学生以形象的启迪，有助于他们运用"设想法"去分析静摩擦力问题。

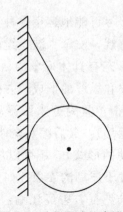

图 3-2　分析圆球的摩擦力

又如图 3-3 所示，一根长为 L 的轻质细杆，在中点和端点处固定质量相等的两个小球 A 和 B，将杆拉至水平，放手后杆由静止开始绕轴 O 摆下，求杆摆至竖直位置时，两球的速度多大。

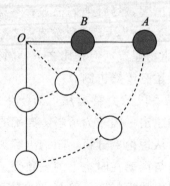

图 3-3　比较轻杆中两球的速度

学生在解此题时，往往根据自己的直觉认为，在杆摆下的过程中，对 A、B 小球只有重力做功，而杆的作用力对它们均不做功，因而两个小球各自的机械能守恒，并据此列方程求解，结果当然是错误的。

对此，可以给学生演示一个简单实验：用柔软的细绳代替细杆，按题设条件系上两个小球后让其自由摆下。学生发现，在运动过程中，细绳并不是如细杆那般平直，而是弯折的，表明两球运动的"步调"并非一致（角速度 $\omega_A > \omega_B$）。面对实验事实，学生自然会思考：在细杆相连的情况下，两球的角速度为何能够相等呢？通过积极思考，学生终于明白，那是由于杆的作用力对 A 球做了负功（使它减慢些），而对 B 球做了正功（使它加快些）。正因为如此，我们当然就不能将机械能守恒定律

单独运用于 A 球或 B 球了。由于演示实验提供了效果鲜明、令人信服的事实，学生对"隔离法"和"整体法"的运用加深了理解。

三、改进实验的方法

为了改进演示实验，在教学中我主要采用"三重一变"的途径，即重视实验思想的渗透，重视物理过程的分析，重视实验方法的改进，运用实验变式，提高演示效果。

1. 重视实验思想的渗透

物理学史告诉我们，物理学上的每一次重大发现，往往伴随着实验思想的重大突破。物理实验大师那深刻的设计思想，精巧的实验方法，连同他们得出的结论一样，都是人类知识宝库中瑰丽的精华，值得后人学习和继承。因此，我们面对物理课本中多种多样的实验素材，无论是经典实验，还是演示实验和学生实验，都应该努力提取其中蕴含的实验思想，开发它们的教学功能。

例如，在介绍卡文迪许扭秤实验时，我们引导学生着重领悟其中两个最为精彩的设计原理。一个是转化原理，即力→力矩→扭丝偏角→光标位移。通过三次转化，使微小力的测量成为可能。另一个是放大原理，即采用 T 形架增大力臂，利用反射光路增大偏角，拉开小镜与光标间距以增大位移。通过这三次放大，有效地提高了测量的精度。

对于演示实验和学生实验的教学，只有在科学的实验思想指导下，才能实现其应有的智能价值。对于验证性实验，如果只是按照教材提供的现成方案，"照方抓药"地操作一番，看似简捷省时，效果却定然不好。我们不能仅仅满足实验结论的重复性，更要突出实验思想的探索性。例如要验证动量守恒定律，首先应让学生体验如何根据实验目的去确定研究对象。找出一些符合动量守恒的事例也许不太困难，比如炸弹爆炸、原子核裂变等比比皆是，重要的是权衡确定的研究对象是否有利于物理量的测定。通过分析筛选，我们确定了"一球静止，对心正碰"的实验模型。接着，再引导学生研究如何转移测量对象，把较难测量的速度，通过"等高平抛"的方法巧妙地转化为较易测量的位移，从而形成该实验的基本构想。

实践表明，经常有意识地在实验教学中创设一种探索氛围，给它带上一点研究色彩，将会促使学生更好地领会实验思想的精髓，弄清实验设计的思路，提高实验素养和能力。

2. 重视物理过程的分析

在实验教学上，我们不能仅以结果的显示为目标，而应以过程的分析为主线。对于一些重要的物理现象，可以运用实验手段，突破时间和空间的限制，使现象放大或缩小，将周期延长或缩短，把过程分解或压缩。总而言之，要使物理现象变化的全过程，以最清晰的形态、最有利的角度，展现在学生面前。

3. 重视实验方法的改进

由于受到设备条件和教学时间的限制，现行教材所提供的演示实验（也包括学生实验），一般多是象征性或抽样性的。做定性的演示，只要求学生观察某一特定范围内的现象；做定量的实验，往往在得出少量几个数据后便尽快地概括出结论。这样不仅容易让学生造成知识上的缺陷，也可能产生认识上的偏颇，学生会认为，似乎物理规律的发现都是一帆风顺的，是轻而易举的。为了改变这种状况，我们应该精心设计实验方案，合理安排演示流程，尽可能为学生提供一种研究、探索的情境，引导他们去实践和体验科学的实验方法，力求做到：撇开次要因素，突出本质因素，排除干扰因素，从而使所要研究的物理现象以更为简化和纯化的形态显露出来。

4. 运用实验变式，提高演示效果

我们演示的物理现象，一般都以复合刺激物的形式呈现出来，客体的不同成分对学生的刺激作用也不尽相同。值得注意的是，一些表现本质特征的现象往往不一定以强刺激的形式出现，而表现非本质特征的现象倒有可能给学生以较强的刺激。这直接影响了演示实验的教学效果。要解决这个问题，一个有效的方法就是运用实验变式，根据不同的教学要求，适当调控多种成分的刺激量，合理分配学生的注意力，从而帮助他们准确地把握事物的本质特征。可供采用的实验变式很多，下面举例择要说明。

（1）互补性实验

在演示电容器的充电现象时，先把日光灯电容器接入直流高压电源充电，取下后短路放电，学生在看到耀眼的闪光时，还听到了尖脆的声响，再取一只电解电容器，充电后与音乐片相连，音乐片发出了悠扬悦耳的乐曲声，最后将大型示教电流表接入电容器的充放电回路，观察电

流大小和方向的变化。这三次演示的现象各具特色：第一次声光并茂、形象直观；第二次余音缭绕、兴味盎然；第三次则过程精细、便于分析。它们又都紧紧围绕电容器充放电这个中心，不仅丰富了观察内容，而且产生了协同互补的效应，使学生对电容器的本质特性有了深刻的认识。

（2）对比性实验

在学习光的全反射时，我先让学生观察浸泡在水中的一只"银色灯泡"，只见它银光闪闪，通体铮亮，显得与众不同，引起了学生很大的兴趣。将灯泡从水中取出，再让学生观察，他们才大呼上当，原来那不过是一只普普通通的白炽灯泡。在引导学生运用全反射知识分析了银色灯泡的原理之后，我又取来一只做过银镜反应的玻璃试管，它也同样银光四射，可与水中的银色灯泡媲美，再要求学生分析比较两者的光学原理是否相同。通过前一次对比，学生对全反射的现象获得鲜明、强烈的感知；通过后一次对比，他们对全反射的本质有了更为深刻的理解。

（3）矛盾性实验

这类实验的特点是通过变式手段，使实验中出现的现象与学生已有的知识相悖，或与预期的结果不符。实践表明，矛盾性实验有助于活跃气氛，加深学生印象，能取得很好的教学效果。我曾用示教可拆变压器演示电流与匝数的关系。所用原副线圈的匝数之数是 2∶1，但实际测得的原线圈的电流反而要比副线圈的大得多，引得学生哄堂大笑。出现这种场面，学生倒是特别来劲，都七嘴八舌地议论开了，想要找出症结，为我"排忧解难"。很快，有一位坐在前排的同学指出：变压器上方那段铁芯还没有搁上去呢！我赶紧弥补了这个疏忽，使铁芯严密闭合，再重做实验，结果当然完全符合变流比关系。这时，我索性"反守为攻"，要学生分析两次实验结果为何大不相同，从而突出了"理想变压器"这个关键条件。在实验教学中，我们不仅要"一矢中的"，演示成功的实验，有时也不妨"歪打正着"，演示不成功的实验，让学生从反面去认识事物的本质面貌。

第二节 以思维为中心

一、培养科学思维能力是物理教学的中心任务

21世纪，世界正进入新一轮的激烈竞争，竞争的焦点不约而同地会聚在对人才的培养上。重视人的发展，提高人的素质，已成为世界教育改革的潮流。其中，科学思维能力正是衡量科学文化素质的重要标志。具有较高的科学思维能力的人，一是"再生性"强，能学会学习，终身受教育；二是"适应性"强，可以较快地在不同的岗位上找到自己的位置，始终立于不败之地。

从小学到中学再到大学，思维能力的要求也在逐步提高。心理学研究表明，对于初中二年级的学生，他们的逻辑思维开始由经验型向理论型转化，正处于关键期。到了高中二年级，这种转化初步完成，学生的抽象思维能力基本趋向成熟。他们进入大学以后的能力基础，与高二、高三时基本保持一致。在高中阶段数学成绩平平的学生，也很难成为大学数学系的高才生。正是由于关键期和成熟期都落在中学阶段，机不可失，时不再来，我们必须紧紧抓住这个机会培养学生的思维能力，提高学生的素质。

培养学生的科学思维能力，物理学科具有其他学科无可比拟的优越性。"物理"这个名字恰如其分地反映了学科的特点：物——实验、观察，理——理性思维，可以说物理就是实验观察与理性思维的产物。物理作为一门基础学科，其基础性不仅体现在知识方面，更在于科学思维的方法。例如，一片树叶从树上落下，飘忽不定，运动极其复杂，物理学家如何来研究它的运动规律呢？首先，让它在真空中落下（排除阻力），总结出落体规律；接着，通过风洞实验，让气流通过固定的表面（排除重力），总结出流体规律。然后再将两者结合起来，去把握实际的运动规律。德国的物理教学大纲指出："与其他学科相比，物理的结构较有层次性，物理学家的思维方式更显独特和出众。"这就意味着在教学中进行科学思维能力的培养，物理学科具有得天独厚的条件和义不容辞的责任。

从物理教学的现状来看，强化科学思维能力的培养有着刻不容缓的

紧迫性。众所周知，目前物理教学中普遍存在着"物理难"和"负担重"这两个大问题，如何解决？我觉得关键正是在思维能力这个"瓶颈"上。先说"物理难"，到底难在何处？都说高一个台阶，究竟高在哪里？学生学物理就像登山，有着四种学习水平（图3-4甲）：首先是"懂"，这比较容易，但是"会"了没有？还要上第二个台阶；你说会了，那"熟"了没有？又有第三个台阶等着你；如果你也熟了，还得再去攀登更高的台阶，达到"巧"的水平。学习就是这样步步攀登，拾级而上。如果我们再深入一步，学习水平的不同恰好反映了思维能力的差异，在四种学习水平的背后，有着相应的四个思维层次（图3-4乙）。

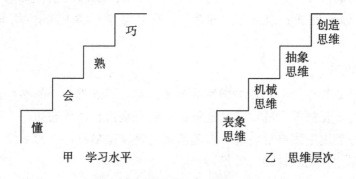

图3-4 学习水平与思维层次关系

最低层次是表象思维，学生只停留在表面的看懂听懂上，对知识的内在联系和区别不甚理解，相互混淆。第二层次是机械思维，学生对所学概念和规律有一定的认识，但讲一会一，机械模仿，应变能力差。一般来讲，初中生的思维多处于这两个较低的层次上。到了高中，则要求学生的思维跨上第三个台阶——抽象思维，即充分理解概念、规律的内涵与外延，通过分析、综合、判断、推理等，达到知识的活化和深化。至于创造思维则是更高的层次，要求学生对一些较难的问题有创造性的理解和解法。所以，物理难教难学，根本上来说是难在思维水平的提高上，只有大力培养学生的思维能力，才有可能最终解决这个问题。

再看"负担重"的问题。当前学生的负担确实是重的，如作业负担重、记忆负担重、心理负担重等。但他们的思维负担却并不重，反而是过轻的。那种为了"减负"，在教学中一味降低思维难度，一再消平思维坡度的做法并不可取。面对这种"三重一轻"的现状，我们在"减负"的同时，还应该有"加重"的措施，既做"减法"，又做"加法"，这才是辩证的态度。教学实践表明，只有认真做好"加法"，即加强对学生思维能力的培养，使他们学得更加积极、主动、有效，才能使物理教学真正进入轻负担、高质量的良性运行轨道。

二、结合教学过程，进行思维训练

学生的思维过程一般会经历图 3-5 所示的几个阶段。

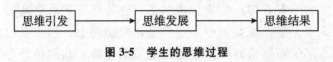

图 3-5　学生的思维过程

我们教师要完成的，是三个相应的任务：在思维引发阶段要"诱思"，在思维发展过程中要"导思"，得出思维结果后则要指导学生"反思"。

1. 诱思

教学是双边活动，需要学生的积极参与，而思维活动的参与是最本质的参与，比如看一场动人的电影，虽然观众没有说一句话，没有做一个动作，但电影剧终后，观众泪流满面，这就是参与，这就是投入。我们的教学也应追求这样的效果。

诱发学生的思维，可以充分利用两类动因，一类是功利性，另一类是情感性。

（1）功利性动因

物理知识有很强的实用性，教学中我们可以充分利用物理学科的这种优势，来调动学生思维的积极性。"电磁振荡与电磁波"的教学内容比较抽象难懂。他们在春游活动中参观过当地驻军部队的雷达站，感到这方面的知识非常实用、非常重要。上课时我充分利用学生的亲身体验，结合无线电发射、接收和遥控的演示实验，极大地激发了他们的学习兴趣，为顺利完成新课题的教学创造了良好条件。

此外，物理知识还有很强的基础性，学生一旦认识到它们的重要作用，就会更加专注和投入的学习。例如在"等效电路"的教学中，先让学生分析图 3-6 甲所示的电路。

有的学生被这么复杂的电路吓住了，有的学生因为众多未知电阻而犯难，大家都感到一筹莫展，无从下手。此时教师再予以点拨：尽管 C、D 之间的电路纵横交叉，但由于两端电压为 5 V，通过的电流为 0.1 A，则两点间的电阻 $R_{CD}=50\ \Omega$，这样一来 C、D 两点间的一大堆电阻就可以用一只 50 Ω 的电阻来等效替代，从而使原电路大大简化(图3-6乙)，最后求得 $R_{AB} = 100\ \Omega + 50\ \Omega = 150\ \Omega$。学生尝到甜头，认识到这种等效方法在处理复杂电路问题中的重要作用，因而产生了"我要学"的学习动机，思维也就被充分调动起来了。

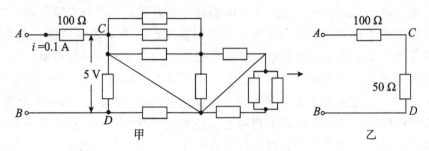

图 3-6 等效电路

(2)情感性动因

与功利性动因相比，这类动因更为强烈，更为持久，因而其开发也显得更为重要。怎样调动情感性动因呢？可以抓三个字：趣(以趣诱思)、疑(以疑激思)、美(以美引思)。

①以趣诱思。

兴趣是最好的教师，对青少年学生来说尤其如此。教学中可通过演示一些趣味性实验或者提出一些趣味性问题，来诱发学生的思维。

例如，为配合"超重、失重"的教学，教师常常做下面这样的实验(图3-7)。在塑料瓶下部打几个小孔，再装满水。当提着瓶子向上加速运动时，水喷得厉害些(超重现象)，向下加速运动时则相

图 3-7 下落的瓶子

反(失重现象)。教师向学生提问：如果自由下落呢？先让学生思考，再用实验验证，很快就得出了结论。一般教学到这里也就告一段落了，其实还应延伸下去。教师继续提问：如果把瓶竖直上抛又将怎样？学生比照前面向上加速的情况，都认为水会喷射得更厉害，演示的结果却是滴水不漏！强烈的反差引起了学生极大的兴趣，经过积极思考，他们搞懂了问题。我看到学生兴味犹浓，就索性叫一位同学上讲台来个师生对抛。大家观察到，当瓶接在手上时水流不断，但抛在空中时仍然滴水不漏，这再次激起了学生的思考和讨论。这些实验很简单，也许正因其简

单，才使学生感到很亲切，觉得"我也可以做"，获得参与感，从而为诱发思维创设了良好的情境。

在进行"运动合成与分解"的教学时，可以提出一些饶有兴味的问题引发学生思考。比如提问，有一辆以 20 m/s 的速度向前疾驶的火车，你能跑得比它还快吗？学生乍一听感到不可思议，但通过积极思考，有同学给出了回答：人只要在火车上，朝着车行方向，慢慢地踱上几步，不就比火车跑得快了吗？这样就很自然地引入运动的合成与分解。对于互成角度的运动合成，则可举出下例：下雨天，雨滴竖直下落，速度为 v_1，有一个人急匆匆地向前跑动，速度为 v_2（图 3-8 甲），为避免雨淋，应如何撑伞？这个问题原本利用生活经验就可回答，但现在作为一个物理问题提出，学生就会套用平行四边形合成法则，得出图 3-8 乙所示的撑伞方案。但仔细一想，不对呀，如果这样撑伞，岂不淋成个落汤鸡？面对这样的问题，学生表现出极大的兴趣，思维也分外活跃，通过一番讨论，终于明确了运动的合成与分解都是相对于同一个物体而言的，不能张冠李戴，于是得出正确的答案（图 3-8 丙）。

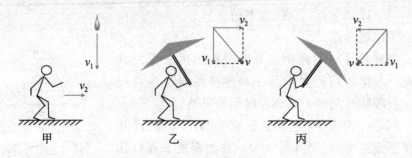

图 3-8　撑伞方向分析

②以疑激思。

思维自疑问开始。现代学习理论认为，学生的思维能力一般都落后于学习新知识的要求，学生内部的这种矛盾正是思维活动的动力。教师的主导作用就在于不断揭示并促进这种思维矛盾的发生和发展。如何做到以疑激思呢？记住下面两句话是很有必要的。

第一句话是"经常给学生找麻烦"。这就是说，每教一个概念或规律，教师都不要"高抬贵手"，让学生顺顺当当地就获得知识，而要尽量设置一些疑点、难点迫使学生开动脑筋，让他们在磕磕碰碰的过程中去思考问题，掌握知识。在设置疑点时，教师尤其要在学生认为不成问题的地方去找问题。例如在讲力的分解时，可以这样引入：取一个沉重的大砝码放在桌面上，要用细绳把它提起来。问学生提砝码时用一根绳易断还是两根绳易断？学生都说肯定是一根绳易断。但演示的结果却完全相反：用一根细绳可将砝码稳稳地提起，而用两根同样的细绳（使两绳间有一较大夹角）去提时，却一下就断了。为什么两根绳的效果反而不如一根绳呢？这种有悖常理的疑点，使学生的思维有了定向标，充分调动了学习的主动性。

第二句话是"先问迷糊，再教明白"。这话引自霍夫曼所著的《关于矢量》一书。他为了使读者弄懂矢量的概念，先从矢量的早期定义"一个具有大小和方向的存在物"开始，并向读者讲述了一个传说：有一个印第安人部落，他们相信箭是一种矢量。他们要射杀一只朝东北方向跑去的鹿，不是把箭瞄准这个方向，而是同时射出两支箭，一支朝正东，一支朝正北，他们想依靠这两支箭的合力把鹿射死。这种部落存在吗？果真如此，他们一定会由于饥饿而消亡。所以箭并非矢量，那个早期定义也不是个好定义。那究竟什么是矢量呢？作者又不断提出一些似是而非、令人迷糊的问题，一旦读者把这些问题弄明白了，矢量的概念也就清晰而丰满地树立起来了。这种方法在我们的物理教学中也是大可借鉴的。比如在高三复习阶段，为了让学生重新认识动量这个概念，加深学生对概念的理解，我们可以提出以下一连串问题：动量定义为 $P = mv$，为什么要涉及 m 和 v？既然已有动能，为什么还要引入动量？应该说这些问题都是有一定深度的，先把学生问住，把他们推到一种"心求通而未得，口欲言而不能"的愤悱状态，然后再予以点拨开导，就可以有效地激发学生的思维。

③以美引思。

物理教学的过程，既是学生在教师指导下的认识过程，也是学生个体的审美过程。学生上完一堂课，如果仅仅感到"听懂了"，这只是一种认知的体验；如果他觉得是一种艺术享受，那就上升到了情感的体验。教学的成功，需要学生认知结构与情感结构的协调共鸣。"知之者不如好之者，好之者不如乐之者。"我们应该努力鼓舞学生的学习热情，把物理教学真正纳入审美化的轨道。

"美是到处都有的，缺少的只是发现美的眼睛"，如果我们有心挖掘，在物理教学中也同样充满着丰富的审美素材。

教学内容的审美性。一方面,我们可以充分运用观察、实验等手段,来展现物理现象的形态美。每当学生看到,原来平淡无奇的白光经过三棱镜折射竟然变成了色彩绚丽的彩虹,那些杂乱无章的细屑在电场中竟会排布得如此对称、有序,他们的内心都会不由自主地升腾起一种强烈的审美感受。另一方面,我们要着力揭示物理规律的理性美。如牛顿力学,它以一项发现(万有引力),两个概念(质量、惯性),三条定律(牛顿第一、第二、第三定律),几乎概括了天上人间的所有力学问题,引起了后人的无限崇敬和赞叹。如氢光谱谱线($H_\alpha = 6562.8 \times 10^{-10}$ m,$H_\beta = 4861.3 \times 10^{-10}$ m,$H_\gamma = 4340.5 \times 10^{-10}$ m,$H_\delta = 4101.7 \times 10^{-10}$ m)这些看似零乱、枯燥的数字,似乎激发不出半点美感来,但经过巴耳末的苦苦探索,一旦揭示出它们之间可用简单公式 $\frac{1}{\lambda} = R\left(\frac{1}{2^2} - \frac{1}{n^2}\right)$ 统一起来时,学生无不为科学家执着追求真理的精神而感动,也从中体验到物理世界和谐统一、严谨有序的深刻的科学之美。

教学过程的有序性。有序也是一种美,如果一堂课能够步步深入,环环相扣,有很强的内在逻辑性,这样的课就好像有一种无形的力,紧紧地吸引着学生,容不得他们有半点儿走神,并让他们在积极思维中获得一种审美体验,获得艺术的享受。

教学氛围的和谐性。和谐是一条重要的审美原则。书法界有一句话,"气和字则秀"。类比之下,我们似乎也可以说"气和课则秀"。这里的"气"当然指气氛,"和"就是和谐,我们要建立一种良好的"情绪场",使整个教学过程弥漫着一种和谐融洽、振奋饱满的气氛。教师要上好课,既要有才智的基础,更应有情感的投入。目前,物理难学,令人生畏。我们的物理教学不能总是摆出一副时装模特的冷艳面孔,以此来显示自己的高雅,而应该多贴近学生,共创和谐的教学氛围。

2. 导思

从一定意义上来说,物理教学活动的本质就是思维活动。结合教学过程,对学生的思维发展给予及时的引导和点拨,正是教师主导作用的重要体现。为此,必须做到开放思维过程,并在此基础上对学生进行有效的思维训练,不断提高他们的科学思维能力和水平。

(1)开放思维过程

课堂教学活动主要由三个因素组成:学生(教学的主体)、教师(教学的主导)以及教材(教学的中介)。与此相对应,在教学中也并存着三种思维活动(图 3-9),即学生的思维活动、教师的思维活动和物理学家的思维活动,它们之间有着密切、有机的联系。

图 3-9 课堂教学中的三种思维活动

物理教学应把蕴含在教材中的物理学家的思维活动,通过备课内化为教师的思维活动,再通过上课等形式,去组织或影响学生的思维活动,最后达到培养和发展思维能力的目的。

①揭示物理学家的思维过程。

科学上不少重大的发现(发明),既包含着前辈科学家探求真理的无限艰辛,更闪烁着他们非凡的创造性思维的光芒。对于这些内容,如果我们只是简单地告诉学生一个结论,而不是带领他们循着科学家的思维历程去亲身体验一番,不能不说是教学的一大缺憾。我们应该充分揭示蕴含在教材中的科学家的思维过程,使之成为发展学生科学思维能力的源头活水。对此,著名数学家华罗庚曾经说过:"学习数学,最好是到数学家的纸篓里去学。"我们不要看书上的结论只不过两三行,可是在写出这两三行之前,科学家不知花去了多少心血,经历了多少曲折失败。因此,我们要着力回顾物理学家的思维过程,使物理教学置于一个宽阔的背景下,这样物理课堂才可能更加生动、清晰,而不至于那样苍白空泛。

例如,卢瑟福通过 α 粒子散射的实验,创立了原子核式结构学说,这是人类第一次正确描绘出原子内部结构的图景,在科学理论上具有重大的意义。而且在思想方法上,也给后人以极大的启迪。它是一次黑箱实验的成功典范,从此人们打开了原子微观世界的大门。为了充分开发、体现这部分内容中知识和方法的双重价值,我们在教学中应把当年科学家"由实验观察入手,进行分析推理,最后构建模型"这样一个科学思维的全过程充分揭示开来,使学生不仅从中获取科学知识,更受到科学思维的熏陶(图 3-10)。

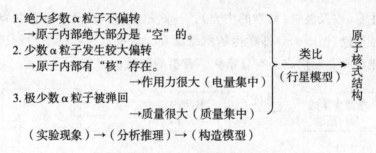

图 3-10　探究原子核式结构的流程

又如在讲伽利略对自由落体的研究时，我们也应不惜花较大的篇幅和笔墨，揭示伽利略独特的科学思维过程和方法(图 3-11)。

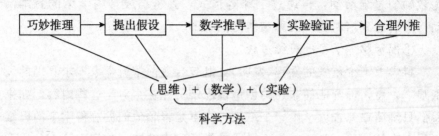

图 3-11　自由落体研究中的思维过程和方法

首先，伽利略巧妙利用轻、重物体的"落体佯谬"，尖锐地披露了亚里士多德观点的矛盾性。接着提出假设：自由落体是一种最简单的运动，应该有最简单的形式，并猜想它是一种匀变速运动，速度是随时间均匀变化的。然后通过数学推导，得出这种运动的规律($s \propto t^2$)，再设法用实验验证。由于自由落体运动快、时间短，直接验证有困难，伽利略就做斜面实验，利用斜面冲淡重力，放大时间，终于取得了预期的结果。这种由斜面运动间接得出的结论是否适合于落体运动呢？伽利略又通过合理的外推，最终总结出了自由落体规律。这样以科学家的思维过程为主线来实施教学，不但有利于学生更好地理解、掌握自由落体规律本身，尤其是给学生提供了一次机会，让他们去体验和领会伽利略开创的"思维＋数学＋实验"的科学方法，对学生来说，后者的教育意义可能更为深远。

②展现教师的思维过程。

教学中经常发生这样的情况：教师经过精心备课，对教材内容烂熟于胸，讲起课来行云流水，学生也听得懂，可就是学不会。一个重要原因，就是教师将自己的思维活动过分提纯，过度包装，没有充分地展现出来，因而不能有效地启迪学生的思维。在这方面，我们有必要学习杨振宁当年的导师泰勒的教学风格（杨振宁称之为"芝加哥风格"）。泰勒是美国的"氢弹之父"，科研工作十分繁忙，还要在芝加哥大学任教，常常是来不及备课就匆匆走上讲台。这就免不了经常讲错，时常"挂黑板"。好在泰勒从不摆大科学家的架子，每当陷入困境时，他总是非常虚心地听取学生的意见，与学生一起纠正谬误，渡过难关。杨振宁回忆，这样的教学给他的印象极深，受益匪浅。因为他们看到了世界上的一流科学家是怎样犯错误的，最后又是怎样一步一步从错误的泥坑里艰难地挣扎出来的。这种"芝加哥风格"的可取之处当然不是不备课，而是把教师的思维过程充分展开，暴露无遗地呈现在学生面前。要真正做到这一步，也并非易事，我们必须克服心理、知识两大优势带来的负面影响，认真实践以下两点。

一是心理换位，即教师要自觉地进行"角色转换"，扮演学生的角色，多用学生的心态和眼光去审视所学的内容，与学生一样成为知识的探索者，不以"过来人"自居。要想学生之所想，疑学生之所疑，难学生之所难。面对一个问题，教师不要光讲"应该如何做"，而要多讲"为什么要这样做""我是怎样想的"，把自己原始的思维活动过程向学生敞开，让学生去思索，去评价，从中得到启发。

二是稚化思维，即在备课或讲课时，教师要把自己的思维降格、后退到学生原有的思维水平上。面对一个问题，教师要有意识地营造一种陌生感、新鲜感（尽管这个问题已经多次遇到过了），要多从学生的思维角度、思维习惯和方法去体验。学生是怎么想这个问题的？可能会遇到些什么困难？力求保证教学双方思维活动能够达到同步协调。

例如，高三复习动量定理时，我们常举下面这样的例题。

金属导体棒 ab 的质量为 m，长为 l，搁放在磁感应强度为 B 的匀强磁场中（图 3-12），闭合开关 S，导体棒跳起高度为 h。求：S 闭合后通过导体棒截面的电量 q。

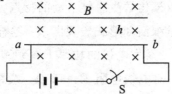

图 3-12　匀强磁场中的金属导体棒

该题若直接利用动量定理，可很快求解：

$Ft=mv$，即 $BIlt=m\sqrt{2gh}$，

$$\therefore q=\frac{m\sqrt{2gh}}{Bl}。$$

如果就这样单刀直入地讲，学生当然能听懂，但他们不一定能理解教师为什么一上来就用动量定理。于是我把自己当作第一次遇到此类问题的新手，注意揣摩学生的心理，从他们的实际思维水平和经验出发，把我在解题中的思维过程充分展示出来。（图 3-13）

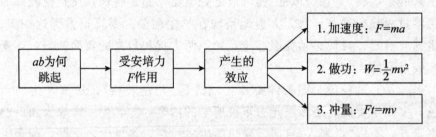

图 3-13　金属棒的动量分析过程

安培力产生三种效应，预示着本题有三条可能的解题途径，该走哪一条呢？显然，本题中的安培力是变力，因此舍弃第一条思路。再看第二条，应用动能定理可得 $W=\frac{1}{2}mv^2$，又 $W=IEt=I\cdot Blv\cdot t$，由此可

得：$q=\frac{m\sqrt{2gh}}{2Bl}$。这种解法对吗？通过深入分析和讨论，大家明确到这里求得的仅仅是与安培力做功转化为动能有关的那部分电量，而另一部分与克服电阻做功转化为内能有关的电量未被计及，因而这种貌似有理的解法其实是错误的。接下去再按第三条思路分析，直至得出正确的答案。

有时，我们还可以模仿学生思维活动的特点，把他们常见的思维障碍或错误，以教师的思维活动形式表现出来，这样会收到更好的效果。

例如这样一道题："某发电机的功率 $P=5000$ W，电压 $U=200$ V，用户电压 $U'=220$ V，输电线电阻 $R=12$ Ω。线路允许损耗功率 $\Delta P=P\times6\%$。试问应选用怎样的变压器？"该题看似简单，但极易做错。教学中，我有意地按着学生的解题思路来进行分析：先求线路电流 $I=$

$\sqrt{\Delta P/R}=\sqrt{300\ \text{W}/12\ \Omega}=5\ \text{A}$，再求线路电压降 $\Delta U=IR=5\ \text{A}\times12\ \Omega=60\ \text{V}$，则变压器输出电压应为 $U_1=U'+\Delta U=220\ \text{V}+60\ \text{V}=280\ \text{V}$。所以应选用变压比为 $N_1/N_2=200\ \text{V}/280\ \text{V}=5/7$ 的变压器(图 3-14 甲)。

这样做下来，几乎所有学生都感到"很顺"，对所得结果也很满意。经再三追问，才有学生发现错误所在：这时变压器的输出功率 $P_{\text{出}}=IU_1=5\ \text{A}\times280\ \text{V}=1400\ \text{W}$，远小于要输送的发电机功率 $P=5000\ \text{W}$。然后，师生再共同分析、讨论，得出了配用两只变压器的正确方案(图 3-14 乙)。

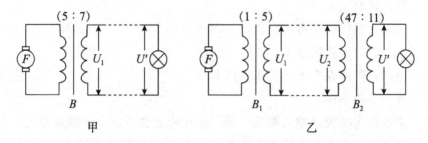

图 3-14 高压输电原理分析

这类问题当然也可从教师的思维水平出发，一开始就循着正确的思路求解，但给学生的启迪与印象远不如这样来的深。

③暴露学生的思维过程。

教学的最终目的，是要将知识发生和发展的逻辑过程，通过教师实施的教学过程，转化为学生的思维过程，从而训练和提高学生的思维能力。因此，学生的思维过程是教学活动中最重要、最本质的过程。正如波利亚所说："教师在课堂上讲什么当然是重要的，然而学生想的是什么更为重要。思想应当在学生的头脑里产生出来，教师要做一名真正的、优秀的思想助产婆。"

为了培养和发展学生的思维，就必须充分暴露他们的思维过程，以便提高思维训练的针对性和有效性。一般来说，学生不大会掩饰自己的思维过程，他们的思维活动轨迹总可以通过上课、提问、作业练习等方式真实地反映出来。但对一名有经验的教师来说，他不会守株待兔，仅仅满足于学生思维的自发暴露，而是善于主动出击，采用多种方法使学生的思维得以"诱发暴露"。从"自发"到"诱发"，正是教师主导作用的体现。

例如，要了解学生对惯性概念的理解程度，如果只是问：什么是惯性，试举几个惯性的例子。学生肯定是对答如流，不成问题。如果再问：宇宙飞船中的物体还有惯性吗？这时，除少数学生可能因物体完全失重误认为其失去惯性外，多数学生仍能正确回答。但这并不代表他们对惯性概念理解得非常透彻了，说不定还有错误的观念存在着，只不过没有暴露出来而已。所以，我又设计了几个问题追问下去。

问：飞船里宇航员捡起一个大铅球，有何感觉。

答：轻如鸿毛。

又问：把铅球扔出去，铅球怎样运动？

答：做匀速直线运动。

再问：若砸在头上，后果如何？

答：不痛不痒。

学生认为捡铅球像捡棉花一样，砸在头上也不过一团棉花而已。他们不知道因此会头破血流受到惯性的惩罚！利用相关问题作为"诱饵"，设置巧妙的诱发情境，将学生潜藏的错误观念引出，这就是"诱发暴露"。

(2)进行思维训练

思维，作为一种人类特有的高级心智活动，具有过程性和操作性的特点，因而思维的训练也应结合教学过程来进行，让学生在思维活动中掌握思维方法。怎样才能有效地对学生进行科学思维的训练呢？从教学实践的角度来说，应该做到三个"给"，即给学生思维的钥匙、给学生思维的阶梯、给学生思维的时间。

①给学生思维的钥匙。

我们知道，课堂教学中有着三维因素（教材、学生、教师），相应地有着三种结构形态（知识结构、认知结构、教学结构），每种结构又有各自的规律（知识序、思维序、教学序）。我们要在物理教学过程中，同步、有效地进行科学思维训练，就必须做到"三序合一"，把这三种结构整合成为统一的有机体（图3-15）。

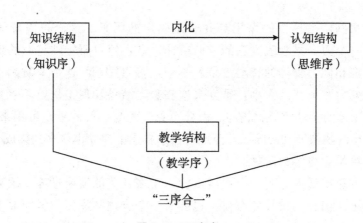

图 3-15 三序合一

我们以力矩概念的教学为例进行讲解。通过对教材知识结构的分析，我们可以理出一条反映知识发展脉络的"知识序"（图 3-16）。

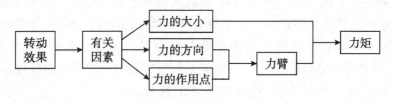

图 3-16 力矩教学流程

知识序一般是条明线，但知识之所以能逐步地运动和发展，是人们思维活动作用的结果。对力矩概念而言，在其后面还对应着一条暗线——"思维序"，即分析、综合→比较→抽象→概括。它大致包括：对大量物体转动的实例进行分析，并在此基础上加以综合得出有关因素；对事物的异同关系进行比较；在比较的基础上，撤去非本质的属性，提取本质属性，这就是抽象；在抽象的基础上，把相同属性进一步概括，从而建立力矩概念。

教师对教学方案的制订，实际上就是把上面两条一明一暗的序线有机地融合起来，从而设计出一种最优化的"教学序"：提出课题→分析猜想→实验、观察→建立概念。

相应的教学流程大致如下。第一，提出课题：物体转动的效果与哪些因素有关？第二，鼓励学生在大量实例分析的基础上，提出自己的猜想，初步归纳为三点（力的大小、方向、作用点）。第三，运用实验，重点观察：力的作用点相同，转动效果可能不同；作用点不同，转动效果却可能相同。可见力的作用点并非是确定的因素。继而再引导学生观察：某一个力，尽管改变它的方向或作用点，但只要转轴与力的作用线间的距离相同，物体的转动效果就不变，得出"力臂"这个本质因素。第四，改变力和力臂的大小，重复多次实验，结果发现，只要两者的乘积相同，物体的转动效果就相同。由此可见，力与力臂的乘积可用来客观、准确地反映物体转动的效果。至此，力矩概念的建立也就水到渠成了。

②给学生思维的阶梯。

人的思维活动总有一个由浅入深、由表及里的发展过程，因而物理教学中思维流程的设计和编排，也要有一个合理的深度。教师要多为学生搭建一些思维发展的"脚手架"，安装一些思维操作的"抓手"。

例如，为了使学生掌握电路等效的方法，如果一开始就要求学生处理图3-17⑥那样的复杂电路，学生将会感到思维受阻，无从下手。有经验的教师会采用一系列程序性的问题来铺设台阶，使学生能够拾级而上。这样不仅使学生最终解决了原先难以解决的问题，而且在逐级攀登的过程中，学到了几种常用的电路等效方法，如直接判断法（图3-17②）、等势缩一法（图3-17③）、电势分析法（图3-17④）、电表摘挂法（图3-17⑤⑥）等。这样的教学能收到良好的效果。

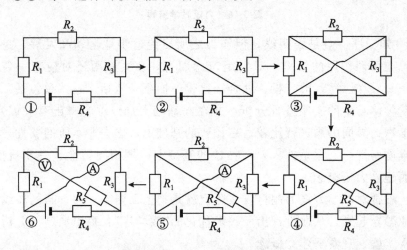

图 3-17 几种电路等效方法

除了让学生学会某些操作性的思维技能外，更重要的是让学生掌握策略性的思维通法——思维模式。如果一些思维方法被经常运用，不断熟练，乃至程式化、固定化，也就形成了一种思维模式。例如，在解题中，我们应该及时引导学生总结相应的模式(图 3-18)。

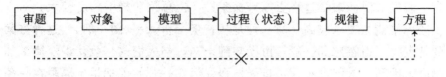

图 3-18 解题中的思维模式

学生往往有这样的通病：拿到一个题目，未仔细审题，就急于套公式、凑方程，造成了"思维短路"(如图 3-18 虚线所示)，这正是缺乏解题模式训练的结果。学习总是从模仿开始的，思维训练也不例外。当然，思维模式并非是禁锢学生创造性的桎梏，而是思维发展的台阶和抓手。今天的"有模"，是为了明天的"无模"。

苏联心理学家维果茨基的"最近发展区"理论告诉我们，对于一个教学课题，学生一般存在着两种发展水平：一种是现有水平，是由已完成的发展程序的结果而形成的学生心理机能的发展水平，表现为学生能独立自如地完成教师提出的智力任务；另一种是潜在水平，是那些尚未处于形成状态的水平，表现为学生还不能独立地完成任务，需在教师的帮助下，通过训练和自己努力才能完成智力任务。在这两种发展水平之间存在着一个有待跨越的智能发展区域，即最近发展区(图 3-19 甲)，只有在这个区域进行的教学才是促进学生发展的最佳教学。

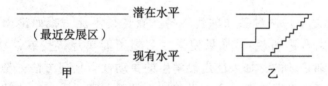

图 3-19 最近发展区

根据这个理论，思维阶梯的设置就必须注意这样两个问题：①思维阶梯应架在哪里？显然架在学生的现有水平上不妥，架在尚未达到的潜在水平上也不行，只有架在最近发展区才合适。为了把握这个最近发展区落在哪里，我们的教学要能吃透两头，尤其是学生这一头。②思维阶梯的跨度多大？如图 3-19 乙所示，如果台阶过高，思维跨度过大，学生会上不去；如果台阶过密，思维强度过小，也不利于学生思维活动的积极开展。一切都要从实际出发，根据学生的思维能力来设定。例如，关于"楞次定律"的教学，常有这样两种方案。

一种是从实验探究入手(图 3-20)。这种方案的特点是：问题情境具有一般性，因而教学过程更富有探索性，但思维阶梯的跨度较大，对学生的思维能力要求较高。另一种是从特例分析入手(图 3-21)。这种方案的特点是：由特殊到一般，由已知到未知，与人们的一般认识规律更加吻合，因而思维跨度小，可接受性强。但它一开始就把学生局限在一条平坦但又过于特殊的通道上，教学过程中指令性内容多，探索性内容少，对学生科学思维能力培养的力度明显减弱。

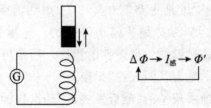

图 3-20 探究 $\Delta\Phi$ 与 Φ' 的关系

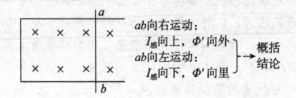

图 3-21 金属棒切割磁感线

相比之下，两种教法孰优孰劣？我觉得不能一概而论。正如德国教育家第斯多惠所说："如果使学生习惯于简单地接受或被动地学习，任何方法都是坏的；如果能启发学生的主动性，任何方法都是好的。"如果学生的现有发展水平较高，学习能力较强，那么思维阶梯就可以架设得陡些，思维跨度也可以搞得大些，这样就可以采用前一种方案；反之，则不妨用后一种方案。

③给学生思维的时间。

人的思维活动总是需要一定的时空条件才能进行，但在教学中，我们提出一个问题后，往往急于滔滔不绝地讲解，或是单刀直入地演算，很少给学生充裕的思考时间，更不用说让学生讨论、交流了。这也许是当前的课堂教学模式带来的弊端。因为课堂教学一般强调教学内容的共性，容易忽视学生思维活动的个性。为了解决这个问题，将共同的教学内容转化为个体的思维活动，注意以下几点是十分必要的。

一是要坚持"延迟判断"。据研究，中学生对于教师提出的一般性的问题，需要经过 1~2 分钟的调整和信息处理后，才会对问题展开有意义的思维活动。所以，引出课题之后，教师不要急于把自己的思维活动过程和所得结论直接给学生，代替学生个体的思维活动，而要坚持"延迟判断"的原则，给学生必要的时间，引导他们积极参与物理知识的探索、发现和推理过程，使得学生对于物理结论的判断，产生于必要的思维过程之后。

二是要发挥"空白效应"。中国画有一条重要技法，叫作"计白当黑"。比如画游鱼，画家会在鱼的周围留出大片空白，只用寥寥数笔，就让人感到一种满池春水的效果。物理教学是否也可效法此理呢？曾经有这样的提法：讲课力求"讲深讲透"，或者"滴水不漏"。其实这既不必要，也不可行。思维活动的规律告诉我们，在一堂课内学生能够有效处理的思维信息单位也只不过 4~5 个，一味追求高密度、大容量，往往会事与愿违。学生上完一堂课，感到什么都不懂，这当然不行；但如果学生感到什么都很懂，课后无须再去思考和复习，这恐怕也不好。杨福家认为，教师上课要"言犹未尽"，他主张采用"不完全讲授法"，这是很有见地的。如果我们在教学中，能留下一些空白，让学生去独立思考，尽情想象，或者有意设置几个"窟窿"，让学生自己去钻研、去填补，会比教师包办代替、一讲到底好得多。

三是要防止"心理冷却"。一堂课讲下来，铃声响了，教师也就应声而止。这似乎很正常，无可非议，但严格来说，这是一种"心理冷却"，长此以往，可能对学生的思维活动产生消极影响。上了一堂物理课，学生经历了一番紧张的思维活动，也需要像体育课那样，留几分钟做做"整理运动"。这样做的目的，一是归纳小结，与遗忘做斗争。二是为了拓展，通过提出问题、设置悬念等方式，进一步激发学生课后自学、思考的内在动机。例如，学习了"牛顿第二定律"的初步知识，临近下课时，教师向同学们朗读两句诗词，借以提出两个问题。一句是毛主席的"蚍蜉撼树谈何易"，蚍蜉（小蚂蚁）的作用力虽然很小，但根据 $F=ma$，也会产生相应的加速度，只要持之以恒，总可撼动大树，而实际却不可能，这是为什么？另一句是项羽的"力拔山兮气盖世"，既然西楚霸王力大无比，为什么难举自身？学生对这些似是而非的问题很感兴趣，在课后展开了积极的思考和讨论，从而为下堂课进一步理解力的内涵埋下了伏笔。

总之，对于一堂课的结尾，我们当然不能用"逗号"，但也不能全是"句号"，还应该有一些"省略号"，从而使学生思维活动的范围从课堂内延伸到课堂外更宽广的时空中去。

3. 反思

学过"机械能守恒定律"后，我曾让学生做过下面这样的题目。

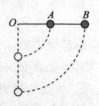

如图 3-22 所示，长为 L 的轻杆，在其一端和中央处固定有质量均为 M 的小球 A、B，杆的另一端可绕水平轴 O 转动，将杆拉至水平，然后放手，试求它转到竖直位置时，两球的速度各是多少。

图 3-22　连体小球的机械能守恒

起初，大部分学生都分别对 A 球、B 球运用机械能守恒定律，求得 $v_A = \sqrt{2gL}$、$v_B = \sqrt{gL}$。只有为数不多的学生多长了一个"心眼"，或者说有一种"反思"的习惯，他们会想：上述解法过去是针对"一杆单球"的，现在用来处理"一杆双球"的情况，会有什么问题吗？于是就用怀疑的眼光重新审视结果，很快发现了问题，$v_A \neq 2v_B$，从而否定了原先的解法。再经过一番思索，把对象由单球改为整体，终于得出正确的结果。

比较两部分学生的解题过程，与其说差异是在认知水平上，倒不如说是在元认识水平上。什么是元认知？简言之，就是对认知的认知，它是人们对认知活动的自我认识与自我调控。在影响思维结构的诸多因素中，元认知往往处于关键性的支配地位。学生提高元认知水平，对于提高自己的思维能力，尤其是实现"学会自己学习"的目标，有着十分重要的意义。元认知这个概念，涉及面很广，如果仅限于思维活动这一方面来说，我们要提高学生的元认知水平，那就必须重视"反思"这个环节，即及时且客观地对学生的思维过程进行评价，并在评价的基础上对思维活动进行进一步概括，不断提高学生对思维方法的领会和运用水平，加强学生监控思维活动的自觉性和有效性。

(1)评价

要纠正教学中只评价知识而不评价思维的倾向，当结束一个课题后，教师不仅要从知识的角度总结归纳，更要从思维活动的角度进行评价。在讲评时，不能光是"就题论题"，而应"就题论理"，力求从深层次去解决问题。例如，在通电导线旁边有一个静止的轻小导线框（图 3-

23)，当电流 i 增大时，学生知道线框将远离导线向右运动；当电流 i 减少时，线框将接近导线向左运动。但若再问：在导线中通以低频的交流电时线框如何运动呢？大多数学生会答：线框将左右来回运动。这就大错特错了。对此，我们要向学生指出知识上的缺陷：

图 3-23　通电导线对线框的力

力与运动的关系不清，忘记了物体运动形式是由外力和初始运动状态共同决定的。除此之外，更有必要从思维习惯和方法上予以评价，指出这正是思维定式的消极影响造成的。为了提高思维评价的客观性和针对性，我们在教学中应注意建立并积累学生的"思维档案"，做到教师、学生人手一份。教师手头的是教学后记、批改记录等，主要记录来自学生的典型错误、思维障碍及其他问题。学生手头的可以是"错题集"、学习小结等。这种方式极大地丰富了学生的元认知体验，增强了思维训练的自觉性。

（2）概括

结合教学过程，教师应经常引导学生从思维方法的角度，通过总结和提炼，概括出某些具有策略性意义的东西，诸如一般的思维程序、典型的思维模式，乃至特殊的解题技法等，从而使学生的思维水平由"具体运思"阶段进入"形式运思"阶段。例如，"电场"单元的学习，学生感到概念抽象、公式繁杂，学习难度大，碰到问题往往只会盲目地套用公式，思维活动徘徊在较低水平上。我们通过引导学生对以往的思维活动进行概括，初步形成了两条比较清晰的思维策略：一是抽象概念"形象化"，把有关物理量的内在联系及动态变化，通过电场线形象直观地凸显出来（图 3-24）；二是基本思路"程序化"，将原本离散、繁杂的规律、公式，组成一个井然有序的网络（图 3-25），大大减少了思维活动的盲目性。

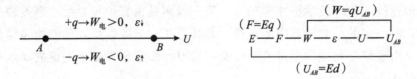

图 3-24　用电场线描述电场　　　图 3-25　用结构图表述电场

（3）监控

通过评价和概括，学生不断提高自己的元认知水平，增强监控自身思维活动的自觉性和有效性，并逐步完成由教师的"他控"向自己的"自控"转化，最终达到"学会自己学习"的目的。

三、大脑"全球开发"，多种思维互补

对于任何一种活动，人总是以一个完整的生命体的形式参与的，而不是局部孤立的某一方面的参与和投入。人的思维活动也是如此。物理教学所涉及的思维活动具有多种形态，如抽象思维与形象思维、逻辑思维与直觉思维、集中思维与发散思维等。按照现代脑科学的研究，抽象思维、逻辑思维、集中思维主要是左脑的功能（人们称之为"硬"思维），形象思维、直觉思维、发散思维主要是右脑的功能（人们称之为"软"思维）。我们对学生进行思维能力的训练培养，必须注意各种思维协同互补，均衡发展。

曾有这样的事例：有的人数学天赋极高，运算能力极强，但在其他方面却十分笨拙，甚至连生活也不能自理。这正是脑功能畸形发展的结果。长期以来，物理教学中普遍存在着"重左轻右"的倾向，对学生素质全面健康的发展造成了不良的影响。为了尽快改变这种状况，越来越多的教师开始正视这个问题，并提出在重视左脑功能，继续提高学生抽象思维和集中思维等能力的同时，要大力开发学生的右脑功能。

1. 加强形象思维

我国著名科学家钱学森认为，研究形象思维是我们当前研究思维科学的一项最重要的任务，并建议把形象思维作为思维科学的突破口。物理教学，同样应把形象思维当作突破口。这一方面是由物理学科本身的特点决定的，正如杨振宁教授所说"物理是现象而不是推理"，它是观察、实验与理性思维的产物，讲求以物喻理，物理渗透。离开了形象思维的辅佐，物理教学将寸步难行。另一方面是由青少年学生心理发展的特点所决定的，对于高中生来说，尤其是高一年级学生，他们的思维尚处于由经验型向理论型过渡的时期，需要借助形象思维来完成向高水平的转化。

与抽象思维相比，一般认为形象思维是一种处于较低层次的思维活动。这是莫大的误解。钱学森曾归纳过形象思维的四大特点，即形象性、概括性、运动性和创造性。它的形象性不言自喻，它的概括性在物理学中也不乏其例。例如，人们用电场线来表示电场的方向和强弱，这

些线条并非电场外部形态的机械临摹或具体写照，而是对电场本质属性
的形象反映。它已不是一种初级的纯感性的认识，而具
有高度的概括性。初学运动图像的同学，面对图
3-26 所示的 v-t 图像时，误认为物体先上坡后下坡，这
绝不是形象思维的过错，只能说明他们还不会正确地进
行形象思维，他们的思维仍然停留在浅薄的表象思维的
水平上。

图 3-26　v-t 图像

爱因斯坦曾说："我考虑问题时，不是用语言，而是用跳跃的形象
进行思考，当这种思考完成之后，我要花很大的力气才能把它们转化为
语言。"他的话恰好说明了形象思维所具有的运动性和创造性的特点。关
于抽象思维和形象思维，华罗庚也有两句妙语，"数缺形时少直观，形
少数时难入微"。这两句话说明了两者间的辩证关系。他还特意告诫人
们切莫"得意忘形"，提醒大家对形象思维应有足够的重视。

以上著名科学家的论述足以说明，形象思维较抽象思维并无相形见
绌，我们提出加强形象思维，更非降格或倒退。

人类的认识活动一般有这样的规律，总是从具体上升到抽象，再从
抽象上升为具体，如图 3-27 所示。

图 3-27　人类认识活动的规律

在认识发展的这两个阶段（两次飞跃），形象思维都充当了十分重要
的角色，起着不可或缺的作用。

（1）具体事物抽象化

人们在认识客观世界时，首先是用形象思维而不是抽象思维，反映
在物理教学活动中也是如此，形象思维往往是建立概念、总结规律的先
导和基础。

例如瞬时速度概念的建立。瞬时速度是一个非常抽象的概念，为了
使学生正确地认识和理解它，我们必须借助丰富的直观形象，逐步引导
学生的思维活动朝着抽象化的方向过渡。

①联系实例。通过公路上汽车从身旁疾驶而过时自己的感受，以及
汽车上速度表指针随车速快慢而不停改变等事例，学生初步领会什么是

瞬时速度。

②运用比喻。有一队人按身高顺序排列，如图 3-28 甲，若要求得某个人的身高，不妨粗略地把全队的平均身高作为结果。如果从这个人附近的较少的人中算出平均身高，显然更接近该人的实际身高。学生不难领会，这里的平均身高、某人身高，比喻的是平均速度和瞬时速度，从而使他们大致明确了瞬时速度的测定方法。

③实验测量。在图 3-28 乙所示的导轨上分别测出滑块在 AB_1、AB_2、AB_3、AB_4 段内的平均速度，可以看出，随着 Δs 或 Δt 的不断减少，平均速度 $\Delta s/\Delta t$ 越来越接近于某个定值。这表明，在如此短的位移（或时间）内，我们所用的仪器已检测不出滑块速度的变化了，因而可将其视作匀速运动，它的平均速度当然也可以作为滑块通过 A 点时的瞬时速度了。

④抽象概括。有人会提出："如果换用更精密的测量仪器，各段测出的平均速度不是又要改变了吗？"抓住这一问题，进一步启发学生超越具体条件的局限，运用思维去继续"操作"实验。经过抽象概括，学生领会"无限逼近"的思想，把握瞬时速度的本质。

⑤图像分析。从平均速度到瞬时速度，反映在位移图像上，相当于从两点间割线的斜率到其中某一点切线斜率的过渡（图 3-28 丙）。图像直观的几何意义，有利于学生理解概念的物理意义。

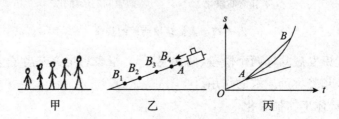

图 3-28 认识瞬时速度

在上述引入并建立瞬时速度概念的教学过程中，我们充分运用了实例、比喻、实验以及图像等一系列形象思维的手段，从而为突破瞬时速度这一概念的教学难点奠定了基础。

又如理想实验。它是通过抽象的方法达成理想化的对象和条件，具有实际实验无法达到的简化和纯化的程度，因而更能充分发挥抽象思维的逻辑力量。理想实验的实质是一种高度抽象的思维活动，但又具有鲜明的形象思维色彩，形象思维在其中起着重要的桥梁作用。

在伽利略斜面理想实验中,高中学生第一次接触这种独特的思维方式,对学生来说理解这种思维方式有一定的难度。为了改善教学效果,我们采取"先物化,后纯化"的做法。

①观察思考。教师手拉小车(轮子朝上)在桌面上运动,当停止拉车时,问学生看到什么现象。学生回答后再问:小车是立即停住的吗?细心观察的同学会发现,这时拉车的细绳呈松弛状态(图3-29甲),于是得出撤去拉力小车还会继续运动一段距离的结论,并由此认识到:小车由动变静,并非是不受外力的缘故,恰恰是受到外力(摩擦阻力)作用的结果。这就从根本上动摇了亚里士多德的观点。

②经验事实。将小车翻转,使轮子着地(图3-29乙),由于摩擦阻力的减少,小车继续滑行的距离大大增加了。如图3-29丙所示,换用阻力更小的斜面轨道,小球从A点滑下后沿着光滑的轨道运动,几乎可以达到与A相同的高度。逐渐减小对接斜面的倾角,可以看到小球运动的距离会更远,速度的减小过程也将更慢。

③假想推理。如果进一步设想:当对接斜面的倾角变为零,成一水平面时,小球的运动情况将会如何呢?这时虽已无法实际演示,但学生通过推理,都会不约而同地回答:小球将会保持恒定的速度永远运动下去。至此,惯性定律的得出已如瓜熟蒂落了。

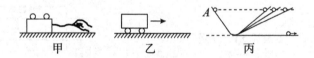

图3-29 伽利略斜面实验

(2)抽象问题形象化

数学家拉格朗日认为:"一种数学理论,你应当能向大街上遇到的每一个人解释清楚。"也就是说,不管多么抽象的高深理论,其原始思想都可以用通俗具体的语言形象地描述出来。李政道教授也曾邀请李可染、吴作人等国画大师,为近代物理学一些重大的前沿课题作画,首开以鲜明生动的艺术形象阐发抽象深奥的物理原理之先河。

如前所述,物理概念(或规律)一般都是在形象思维的基础上,经过抽象、概括得出的。反过来,要理解和运用这些抽象的物理知识,同样必须借助于形象思维。中国科学技术大学的一位教授在回答中学生提出的"怎样才算概念清楚"的问题时说:"所谓概念清楚,是指你对这个概念的理解达到了这样一种程度，当你闭上眼睛时，脑海里就会像放电影那样，出现一幅完整的活动图景。"这就是说，要使抽象的概念（或规律）形象化。例如，要深入理解凸透镜成像规律，如果仅仅记住几个死板的公式，会画几幅静态的光路图，那是远远不够的。学生还应讨论，如果物体从远处沿主光轴向着凸透镜匀速移动，像距、像速、像的性质等将分别如何变化；如果物体不动，而让透镜由远而近向物体匀速移动，情况又是怎样。总之，学生要充分运用形象思维，对透镜的成像规律有个动态的全景式的把握。

在解题时也是如此，要充分运用形象思维，做到抽象问题形象化。语文教师指导学生写作时，往往强调"触景生情"；我们物理教师指导学生解题，不妨提倡"触情生景"，即要求他们能根据题意，先画出示意图，尽量将隐含在问题中的物理情景形象地反映出来。例如，一个矩形线圈共有 100 匝，置于变化的磁场中，磁场方向垂直于线圈平面。已知线圈产生的感生电动势随时间变化的函数图像如图 3-30 甲所示，求穿过线圈平面的最大磁通量。

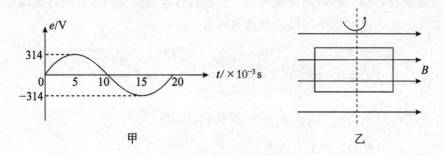

图 3-30 矩形线圈中的磁通量

该题的困难在于有关磁场的条件较为隐晦，但是，若能把握所产生的感生电动势呈正弦交变的特点，将原题等效成矩形线圈在匀强磁场中匀速转动的情景（图 3-30 乙），问题就可迎刃而解了。

如何把抽象的问题转化成形象的情景，是学生的薄弱环节，他们在物理学习中，往往存在着"见题不见物，解题不讲理"的情况，这应该引起我们的重视，切实加强学生形象思维能力的培养。

2. 开发直觉思维

爱因斯坦说过："没有一个概念能够无歧义地从实验中逻辑地推导出来。人们要彻底地不违反理性，就不可能得出任何东西。"自从赫兹发现光电效应现象，在之后的 20 年中，科学家进行了大量研究，并总结出了四条实验定律，但他们仅局限于对现象的描述，得到的充其量只是一堆经验材料。直到爱因斯坦受普朗克量子思想的影响，直觉地感到光的量子性，从而才创立了崭新的理论——光子说。所以直觉思维是一种可贵的创造性思维。我们当然不能奢望中学生能做出了不起的直觉发现，但也不能因此而无所作为，我们在致力于发展学生逻辑思维的同时，还应有意识地培养他们的直觉思维能力。

（1）夯实基础

从表面来看，直觉思维是无意识的，非逻辑的，它的完成几乎并不依赖于逻辑推理，但实际上，它与逻辑思维有着十分密切的关系，在一定意义上，可以说直觉思维就是逻辑思维的凝结与简缩，它归根结底还是要按逻辑去洞察事物的本质，去把握经验总和。

以一道常见的高考题为例（图 3-31）。有经验的解题者可能一眼就看出：甲、乙避免碰撞的条件是两者速度相等。结论的得来似乎全不费功夫，其实，他们也是在经历了一定的逻辑思维的基础上（这种基础可能在解题前早已具备了），以

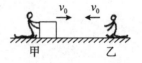

图 3-31 避免碰撞的条件

一种高度简缩的方式洞察和把握了问题的实质，才迅速地做出了直觉的判断。为了让学生也能分享这种直觉思维的成果，我们有必要把其中被简缩（或省略）的思维过程重新还原展现出来，让学生去亲身体验一番（图 3-32）。

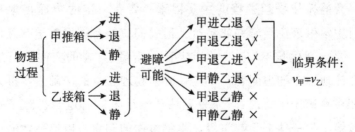

图 3-32 避免碰撞的思维分析

有人可能会说，直觉思维讲究的是明快简捷，似这般"放慢镜头"，与初衷岂非大相径庭？其实，我们今天在逻辑思维的土地上精耕细作、夯实基础，正是为了明天能结出直觉思维的硕果来。

有一次，我在课堂上讨论这样的问题：牛顿第二定律的实验中，如果把沙桶的重力 mg 当作小车所受的拉力 F，实验得出的图像将是图 3-33 中的哪一条？设小车质量为 M，教师的思路一般是从定量分析入手：

$$\left.\begin{array}{l} mg=(M+m)a \\ F=Ma \end{array}\right\} \Rightarrow F=\frac{mg}{1+m/M}<mg$$

因此实验图像如图 3-33 中③所示。课后有学生提出，可否换个角度考虑：设想沙桶质量 m 很大，整个装置呈"虎头蛇尾"，当 $m\to\infty$ 时，它们近于自由落体运动，加速度 a 趋向于定值 g。图线③正好与这种变化趋势吻合，从而使问题得到了解决。

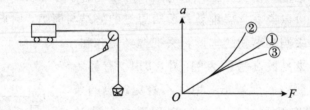

图 3-33　探究牛顿第二定律

这个事例告诉我们，在培养学生的思维能力时，不仅要重视思维过程的展开，更应注意思维方向的把握。对此，杨振宁教授主张："解决物理问题，先要有观念的把握，然后才是精密的计算。"一位成熟的物理学家在进行科学研究时，总是由定性或半定量入手，力求对问题的性质、概貌取得总体的估计和理解。这样做，需要有清晰的物理概念和物理图景，要能抓住物理过程的主要因素，要有一定的物理直觉和洞察力。这对中学生来说当然并非易事。但我们应结合物理教学有意识地加以培养，要求学生按着"定性→半定量→定量"这样的方向进行思维活动。面对任何一个物理问题，都应在弄清物理图景的基础上，再入手计算。正如卢嘉锡先生所说："先有毛估，然后才能有逻辑思维。"平时还应经常教给学生一些关于数量级、量纲方面的知识，以提高他们定性判断的能力。

（2）丰富积累

直觉的涌现不是无源之水，在很大程度上要靠知识和经验的积累，而这种积累又往往以模式的形态，储存在人们的头脑中，成为日后萌发直觉的生长点。因此，加强物理模式教学，不失为培养学生直觉能力的一种有效途径。对于基本模式，学生应达到"三会"，即会构建、会辨识、会变通。

①建模。教学中可通过"精选例题，题后小结，淡化题型，突出内核"的方法，引导学生将物理知识凝练、加工，构造出一些基本而又重要的模式。例如通过透镜成像问题的分析，学生发现不管透镜的凸凹，也不论成像的虚实，物点、像点和光心总是在同一直线上。这样就可得出透镜成像的"三点共线"模式。

②识模。一般的物理问题，总是由若干模式为"组块"有机地结合而成的，学生只要能正确辨认出其中隐含的模式，通过原型启发，就可能迅速唤起相关知识的记忆，从而顺利地解决问题。例如图 3-34 甲所示的光路，要求判断穿过透镜的折射光线 AB、CD 是否正确。学生看到物点 S 和光心 O 后，若能马上联想到像点，并反向延长 AB、CD 作出 S'（图 3-34 乙），再运用"三点共线"的模式，很快就可得出结论。

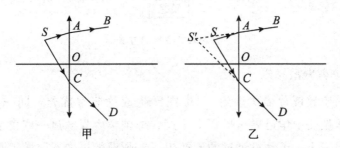

图 3-34　三点共线

③变模。我们给出的模式总是有限的，而可能面临的问题却是无限的、多变的，这就要求我们能对有些模式进行灵活变通，使原有的模式运用范围更广，功能更强。例如，汽车保持恒定功率在水平路面上行驶，通过分析各量间的制约关系，可归纳出一种稳态模式（图 3-35 甲）。若将这种力学模式迁移到电磁现象中去，通过变通，不难得出另一种电学稳态模式（图 3-35 乙）。

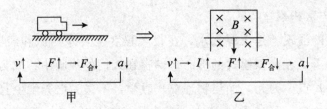

图 3-35　稳态模式

（3）善思敢想

学生常常会比教师有更多的直觉，遗憾的是由于受知识水平和实践经验的限制，这些直觉大多都是错觉。比这更为遗憾的是，学生这种直觉的萌芽，往往被教师斥之为"想当然"，几乎一棍子打死。教师对此不妨多点理解，多份宽容。他们既然是"想当然"，当然是有一番道理的，只不过不太严密、不太科学罢了，我们不能因此就把婴儿与洗澡水一起倒掉。正确的做法如下。一是热情鼓励："想当然"——当然可以想，并且要更大胆地想；二是精心指导：大胆猜想不等于胡思乱想，要结合教学，不断地教给学生一些猜想的方法（图 3-36）。

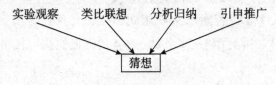

图 3-36　猜想的方法

3. 培养发散思维

杨振宁教授曾多次谈道："中国学生成绩非常优秀，同一类题目，中国留学生在中学已做过成百上千道，外国学生只知道一些皮毛。但中国学生胆子小，老师没讲过的不敢想，老师没做过的不敢做。"不少从国外访问归来的学者也有同感，说："如果老师提出一个问题，十个中国学生的答案往往差不多，而十个外国学生或许能讲出二十种答案来，尽管有些想法非常离奇。"这些事例无不表明，我们的学生长于求同，而弱于求异。这除了东西方文化背景差异等原因外，主要还是教育塑造的结果。上海某重点中学曾对学生进行过一次调查测试，其中有一道题目是："船上载有 75 头牛，34 只羊，问船长几岁？"该题源自一则古老的欧洲笑话，今天却在我们的学生身上闹出了大笑话：有 82％ 的学生居然算出了船长的确切年龄。我想，这问题出在学生身上，根子却在学校教育。长期以来，我们传统的教育总是强调确定性，排斥可能性，我们的传统观念，也几乎为一切问题都提供了不容置疑的答案。

审视当今的物理教学，也存在着同样的倾向。例如，向学生提出这样的问题："某质点在同一平面内的 n 个共点力作用下，保持平衡状态，若撤去其中一个向东的力（其余力仍不变），质点将如何运动?"对此问题，学生一定会有多种不同的回答：①多数同学认为，质点将向西做初速度为零的匀加速直线运动，这显然是静止、孤立的"点思维"的结果；②部分同学认为质点可能向西或向东做匀加速直线运动，这是"线性思维"的产物，它有纵向的延伸，但无横向的拓展；③少数同学认为，质点还可能在整个平面内做匀变速曲线运动，他们进行的是"平面思维"，但也只有广度，缺乏深度；④只有为数很少的同学，才会突破思维方向的局限，运用"立体思维"，最终得出质点可能沿各个方位做匀变速运动的结论。

从信息论的角度看，人们的思维过程也就是对信息加工的过程，如图 3-37 所示。

图 3-37　思维加工过程

我们正在步入信息社会，各种信息的数量急剧增加，成分日趋复杂。显然，只有单通道的集中思维，已不适应现代社会发展的要求，还需有多通道的发散思维与之协同互补，这已成为当今人们的共识。我们高兴地看到，高考命题已在这方面发挥了积极的导向作用，出现了多条件或多答案的试题。

多条件问题——要求学生会合理处理输入信息。例如有一年的高考试题中多给了斜面与地面间的摩擦系数 $\mu=0.02$，不少学生面对这多余的信息深感困惑，犹如戴一块手表能确切地说出时间，戴了两块手表，反而不知该如何确定时间了，犯了"信息过载症"。

多答案问题——要求学生能正确处理输出信息。近几年的高考试卷中有多道出现了可能性答案的试题，这些都对学生的发散思维能力提出了更高的要求，我们应结合日常教学加强培养。比如惯性教学，不要老是问：什么叫惯性，试举例说明，等等。也可以换个提法：如果物体没有惯性，世界将是一番怎样的景象？让学生的思维活动尽情地发散。再如楞次定律教学，不要只局限于图 3-38 甲所示的情景，让学生去判断当 S 闭合时，线圈 $abcd$ 中感应电流方向如何；教师可以不给出整个线圈的确定位置，而只画出其中一段导线 ab（图 3-38 乙），要求学生判断当 S 闭合时，ab 中感应电流的有无及方向，这样这个问题就成了一个多答案的问题，思考性也就更强了。

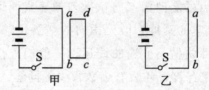

图 3-38　楞次定律中的思维发散

总之，我们在物理教学中要着力培养学生思维的发散性、求异性，即使是那些已成定论的东西，我们也不妨鼓励学生去重新审视或争论一番，使之不成为僵化的教条。这对于培养学生的思维能力，提高科学素质，无疑是大有裨益的。

第三节　以变式为手段[①]

当前物理教学存在的一个普遍问题是学生学得过死。例如，对于图 3-39 所示的问题，学生都能熟练地判断当 S 闭合瞬间，线圈 $abcd$ 中的感应电流方向。但如果把题目改成图 3-40 所示，其中 ab 是某闭合回路中的一段导线，要求学生说明 S 闭合瞬间，通过 ab 导线的感应电流方向。多数学生仍会做出与图 3-39 相同的回答，因为在他们的头脑中两者的物理图景是完全一样的。他们想象不到题中的闭合回路有多种可能的摆放位置（图 3-41 甲、乙、丙），因而该题也就有着多种可能的答案。

---

① 本部分内容根据 1998 年 11 月金华市暨浙江省物理骨干教师会议专题讲座整理（有增删）。

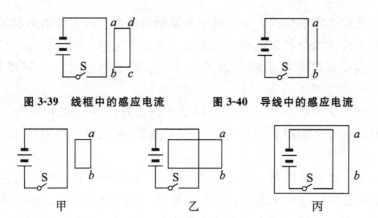

图 3-39　线框中的感应电流　　　图 3-40　导线中的感应电流

甲　　　　　　乙　　　　　　丙

图 3-41　判读线框的感应电流

　　学生"学"得死，究其原因还在于教师"教"的死。传统的教学历来强调问题的确定性，排斥问题的可能性。这就导致我们的学生长于求同而弱于求异，缺乏发散思维和想象能力。为了尽快改变这种状况，大力提倡变式教学，不失为一种有效的教学策略。也就是通过不同角度、不同情境的变式手段，学生加深对物理现象和物理过程的本质的认识，从而真正地学好物理。

　　按照著名教育心理学家潘菽的观点，变式就是使提供给学生的各种直观材料和事例不断变换呈现的形式，以使其中的本质属性保持恒在，而非本质属性则不常出现（成为可有可无的东西）。可见变式教学的核心在于，通过变化突出其中的不变因素，从而使学生能够准确地理解并掌握所学知识的本质。

　　教学中常用的有两类基本变式。其中一类是正例变式，即肯定例证变式。这类变式的特点是保持本质特征不变，而使非本质属性千变万化。

　　例如功的教学。除了常规式的设问："质量为 m 的物体自静止开始沿倾角为 θ 的光滑斜面下滑，通过的位移是 s（图 3-42），求此过程中重力对物体做了多少功？"我们还可以变换条件，提出多种变式问题：如果是粗糙斜面呢？如果物体具有初速度呢？如果物体还受其他作用力呢？如果再叠放上其他物体呢？

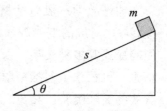

图 3-42　物体沿斜面下滑

等等。通过这样的变式，学生进一步明确功的本质因素是由力以及在力的方向上发生的位移决定的，至于其他如表面材料、初始状态、是否受其他力等均属非本质的偶然因素，从而使功的概念建立得更加清晰、准确。

另一类是反例变式，即否定例证变式。这类变式的特点与上面相反，材料的非本质因素十分相似，但内含的本质属性和关键特征却截然不同。

例如，要求分析图 3-43 所示的各小图中线圈收缩时产生的感应电流。教学表明，这样的题目学生极易做错。原因就在于三者的非本质因素颇为相似，如都有线圈回路、都处在磁场之中、回路面积都减小，等等。但是决定感应电流的本质要素，即回路中磁通量的变化却全然不同：当线圈收缩时，图甲线圈的磁通量减少，图乙线圈的磁通量保持不变，图丙线圈的磁通量反而增大。由此它们产生感应电流的情况也就各不相同了。

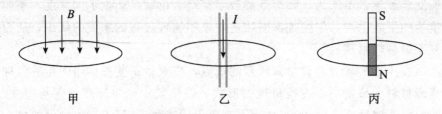

甲　　　　　　　　　乙　　　　　　　　　丙

图 3-43　判断线圈中的感应电流

上述两类变式对教学的作用各有千秋。正例变式有利于概括，借助它可以突出事物的本质属性和关键特征；反例变式则有利于辨析，通过它能够排除非本质因素的干扰。教学中这两类变式往往是交替使用、互为补充，以求获得更好的效果。

物理教学一般包括概念课、规律课、实验课以及习题课等基本课型，与之对应的变式教学，也就有概念变式、规律变式、实验变式以及习题变式等多种类型。以往我们在习题变式教学方面进行了较为深入的探索，也积累了包括一题多解、一题多问、一题多变、多题归一等行之有效的实践经验。相比之下，在物理概念、物理规律以及物理实验等方面的变式教学，还有待我们大力探索和开发。本文的重点也想放在这几个方面。

一、物理概念变式教学

物理概念是反映物理现象、物理过程本质属性的抽象。引导学生建立并理解物理概念是物理教学的基本任务。

人们的认识总是要经历由具体上升到抽象，再由抽象上升到具体的辩证思维过程，学生学习、掌握物理概念也是如此。在完成这两次认识飞跃的过程中，变式都可以发挥重要的作用，如图 3-44 所示。

图 3-44 物理概念变式教学流程

具体而言，在第一个阶段，提供多样化的变式材料，使学生在充分感知、丰富表象的基础上理解物理概念的形成过程和物理含义，以达到"消化"概念的要求；在第二个阶段，进行针对性的变式训练，使学生能在各种典型的问题情境中正确、灵活地运用概念，从而达到"活化"概念的目的。一般来说，在前一阶段我们多会选择那些本质特征比较明显的变式事例，这样有利于物理概念的形成与理解；而后一阶段则应选择那些非本质属性比较强烈、干扰因素较多的变式问题，这样有利于学生对物理概念的辨析与把握。

1. 提供变式材料，"消化"物理概念

质点是物理学的基本概念，也是高中学生遇到的第一个理想模型。为了使学生更好地理解这个概念，并能从中体验物理思想方法，教学时可让学生解决下面这样的问题。全长 200 m 的列车以 10 m/s 的速度匀速通过车站，并沿平直的轨道继续行驶，试问：

①1 min 后列车离车站多远？

有人脱口就给出答案 10 m/s×60 s＝600 m，但稍加思考便发现了问题：这指的是车头还是车尾呢？显然，相对于 600 m 距离，列车自身的长度必须考虑。

②1 h 后列车离车站多远？

这时又有不少学生瞻"头"顾"尾"，感到无从下手。但由计算得 10 m/s×3600 s＝36000 m，相对于这么远的距离，列车自身长度可以忽略不计，而将其视作一点。

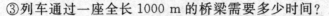
③列车通过一座全长 1000 m 的桥梁需要多少时间？

对此问题的处理方法，学生经讨论逐渐形成了共识：当考虑列车的运行速度时，因各节车厢的运动情况都相同，故可当作一点来处理；而要确定位置变化时，相对于 1000 m 的桥梁，则不能忽略列车自身的长度。

如上一系列问题，向学生呈现了不同的物理情境，提供了多样的变式材料，使他们体会到研究物理问题，有时可不必考虑物体的大小、形状，而将它简化为一个仅有质量的点，由此建立起质点的概念。

再如位移概念。学生初学时常有疑惑：初中已经学过距离，为什么还要学位移？对此，我们也可运用变式教学，向学生依次提出如下问题。

①某同学从 A 点出发，走了 50 m 后到达 B 点。你能确定他的位置变化吗？

②某同学从 A 点出发，向东走了 50 m 后到达 B 点。你能确定他的位置变化吗？

③某同学从 A 点出发，向东沿直线走了 50 m 后到达 B 点。你能确定他的位置变化吗？

设置如上变式问题的目的，就是为了将位移概念蕴含的本质因素逐一揭示开来，使学生认识到要确定物体的位置变化，必须同时把握"方向""直线"以及"长度"这几个要素，三者缺一不可。继而在此基础上概括得出位移的概念，并抽象为一条带箭头的有向线段来表示。这样的教学不仅能让学生更好地理解位移的物理意义，而且也让学生明白了引入这个概念的缘由。

认知心理学理论认为，学生学习和接纳新知识，主要是通过"同化"与"顺应"过程来完成的。当所学新知识与学生原有的认知结构相一致时，就被纳入原结构中，进一步丰富它的内涵，这是知识的同化；而当所学新知识与学生原认知结构相矛盾时，学习者就需对原先的认知结构进行调整或改组，以适应新的学习要求，这是知识的顺应。在学生的认知活动中，同化反映成长，主要是量的变化；顺应说明发展，主要是质的提升。当然，同化与顺应并不是截然分开的，它们往往是相互联系、交替发展的。

教学实践表明，变式教学是促使学生实现同化和顺应的有效手段，在物理概念教学中运用变式，有利于学生对物理概念的建构与理解。

例如电场概念的教学。"电场看不见摸不着，为什么是一种物质存在?"这是学生初学电场知识时普遍的疑惑，同时也是教学的重点和难点。为了帮助学生建立电场概念，并能初步认识电场的物质性，我们可以采用如下的教学方案。

将泡沫小球悬挂在细线上(图3-45)，问：你可用哪些方式使小球运动? 学生的回答是多样的，如用手推、用杆拨、用风吹等，由此可说明，力的作用总是需要一定的媒介来传递的，离开了物质也就不可能有力的存在。这些是学生比较熟悉的、已经具有的认知，以此"常式"作为铺垫，是为了进一步提出下面的"变式"。

图3-45　泡沫小球

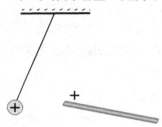

图3-46　带电棒对小球的作用

将泡沫小球带上电，再问：除了上述方式外，还可用什么方式使小球运动? 根据学生的回答和建议，教师用一根带电棒靠近小球，果然发生了运动(图3-46)。接着，引导学生就此开展深入的分析与讨论。

问题1：小球受到的力是谁给的?(学生答：带电棒给的。)

问题2：是直接给的吗?(这对学生是个新问题! 大多数学生不知如何回答，也有学生会照着书本说是带电棒的电场给的。)

问题3：这"电场"看不见也摸不着，你有什么理由说明它的存在?(这个问题的提出，就把学生的思维迅速聚焦到了核心问题上。经过充分的思考交流，学生根据"力是物体与物体之间的相互作用"推知，在带电棒与带电小球的周围一定有某种物质的存在，否则它们之间的相互作用是不可能发生的。)

上述变式教学的特点是，充分利用了"力作用的物质性"这个同化点，为学生建构并理解电场的概念，铺设了必要的认知台阶。同时，也更新、拓展了学生原有的认知结构，使学生认识到除了实物之外，场也是物质存在的另一种基本形态，从而实现了对新知识的顺应。

又如气体压强的教学。学生在初中已学过气体压强的概念，认为大气压强是因大气自身的重量产生的，而到高中则认为是因气体分子与器壁碰撞的结果。从"重力说"过渡到"冲力说"，由宏观现象深入微观本质，这体现了压强概念的拓展与提升，同时也对学生提出了挑战，要求他们能对自己原有的认知结构做出相应的调整。对此，我们也可通过变式教学，来引导学生完成对新知识的顺应过程。

①提出问题（图 3-47）。

教师出示茶杯，问：茶杯底面受到大气压强吗？它是怎样产生的？

对此问题，学生根据初中所学知识一般都能顺利回答。

教师给茶杯加上盖板，再问：这时茶杯底面还受大气压强吗？大小变化了吗？

图 3-47　茶杯受的大气压

学生一方面认为，加盖后茶杯底面所受大气压强的大小应该不变，但另一方面又想到，此时大气自身的重量几乎都压在了盖板上，杯底的压强应该减少才对呀！强烈的认知冲突激起了学生的好奇心，同时也使他们感到了自己原有知识的不足。

②宏观模拟（图 3-48）。

用宏观豆子模拟气体分子。使天平一侧的托盘倒扣，然后将豆子从它的上方撒落，并与盘面不断碰撞，虽然豆子没有停留在盘中，但天平明显偏向于这一侧，说明豆子在碰撞过程中对盘面有力的作用。

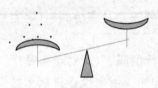

图 3-48　豆子模拟撞击力

③微观机理（图 3-49）。

宏观模拟的实验现象，为学生理解气体压强的产生机理提供了很大的启示。在教师的引导下，他们构建了气体分子与器壁的碰撞模型，并运用相关的力学知识，进一步推导气体压强的微观表达式。

图 3-49　分子碰撞模型

④实例分析（图 3-50）。

要求学生围绕打气筒等常见实例，运用所学的知识对其原理展开分析讨论。

可以看出，在上述教学过程中多次运用了变式手段。首先通过问题变式，暴露了初中"重力说"的局限性，使学生摆脱"气体自身重量"这一非本质因素的干扰，转而引向对气体压强本质因素的探究；接着运用实

图 3-50　打气筒

验变式，将模拟的宏观现象作为理解微观机理的变式材料，通过两者的类比，为学生完成新知识的顺应过程架起了认知桥梁；最后又通过实例变式，使学生对气体压强概念的本质意义有了更深入的理解与把握。

2. 进行变式训练，"活化"物理概念

变式教学方法不仅可以在概念形成的过程中使用，还可以在概念的应用中发挥作用，使学生对所学概念的理解更加准确、运用更为灵活。

例如描述交流电的大小，学生分别学了最大值、瞬时值、有效值以及平均值，但在使用时常常张冠李戴、混淆不清。对此，我们就有意地将这些物理量放在同一物理情境中，设计了如下的变式练习。

如图 3-51 所示，在磁感应强度为 B、方向水平的匀强磁场中，有一匝数为 n、面积为 s 的线圈绕竖直轴以角速度 ω 匀速转动，设线圈的内阻不计，外电路的电阻为 R。试问：

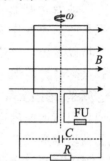

图 3-51 线圈中的交流电

①线圈从如图位置转过 60°时，通过线圈的电流是多少？

②线圈从如图位置转过 60°的过程中，通过线圈截面的电量是多少？

③线圈从如图位置转过一周的过程中，电阻 R 消耗的电功率是多少？

④保险丝 FU 的额定电流至少多大？

⑤若撤除电阻 R，改接上电容量为 C 的电容器，则其耐压值至少多大？

教学中发现，学生对上述问题基本上都能正确列式：

①$i=\varepsilon/R$；②$q=It=\varepsilon/R \cdot t$；③$P_R=\varepsilon^2/R$；④$I_{额}=\varepsilon/R$；⑤$U_m=\varepsilon$。

但问题在于对式中的电动势 ε 究竟该取什么值，学生产生了很大分歧，这就迫使他们去进行深入的思考与辨析。通过一番热烈的交流讨论，学生不仅找到了问题的正确答案，而且对于交流电"四值"的本质特征和适用条件，有了更准确的理解与把握。

分析、比较是一切理解和思维的基础，也是学生学好物理概念的关键能力。通过分析与比较，我们可以揭示事物之间的相似性（求同），以及差异性（求异），从而更深刻地把握物理概念的本质。值得指出的是，我们不能局限在相似的问题中求同，或在相异的情境下比异，而应设计变式练习，让学生能在同中比异，或在异中求同。同中比异，能暴露问题的干扰因素，有利于学生排除干扰因素，提高概念理解的准确性，防止知识的负迁移；异中求同，则有利于学生揭示并把握本质因素，提高概念的概括性，促进知识的正迁移。

如在学了万有引力后，可向学生逐一提出下列变式问题：

①地球表面附近落体的加速度是多少？（学生脱口而出：$g = 9.8\ \text{m/s}^2$。）

②沿地球表面轨道运行的卫星的向心加速度是多少？（多数学生埋头演算，而不能立即说出答案。）

③地处赤道上的物体的向心加速度是多少？（又有许多学生照搬近地卫星的加速度作为结论。）

可以看出，上述三个问题中，①与②是"形异实同"，即两者的运动形式虽然各异，但它们的受力情况完全相同，因而加速度也相同；而②与③则是"形同实异"，即两者的运动形式相似，但它们的受力情况截然不同，因而加速度也就不同。通过这样的变式练习，学生在多种纷杂变化的情境中进行分析、比较，学会由表及里，透过现象抓本质，从而加深了对加速度概念的理解。

语言是思维的载体和工具，正如爱因斯坦所说"一个人的智力发展在很大程度上是取决于语言的"，语言达到什么程度，思维才能发展到相应水平。物理语言包括文字语言、符号语言和图像语言。教学实践表明，教师通过语言变式让学生从不同的角度去描述同一个物理现象或规律，这不仅有利于学生把握知识的本质与特征，也有助于他们思维能力的提升。

教学中可供使用的语言变式的方法很多。对于物理概念，不妨采用"一词多义"的方式，要求学生对其物理含义进行多种不同的翻译与表述。例如电动势概念，教材是这样表述的："如果移送电荷 q 时非静电力做的功为 W，那么电动势 E 表示为 $E = W/q$。"为使学生能对电动势的物理内涵有更清晰的理解，如果让他们机械地背诵定义条文，不如运用语言变式，要求学生回答这样的问题：一节干电池的电动势 $E=1.5\ \text{V}$，你能说明它的物理含义吗？经过充分的交流与讨论，学生从不同的角度对此问题给出了多种回答。如有的从做功角度，"非静电力把 1 C 的正电荷在电源内从负极移送到正极做了 1.5 J 的功"；也有的从能量角度，"非静电力把 1 C 的正电荷从负极移送到正极，电荷增加了 1.5 J 的电势能(或电池将 1.5 J 的化学能转化为电势能)";还有的从电路的工作状态来看,"电路断开时电池两极之间的电压是 1.5 V(或电路接通时内外电压之和等于 1.5 V)",等等。这样的变式练习,让学生结合具体的物理情境,对电动势概念进行多角度、全方位的审视,从而丰富了电动势概念的物理内涵,并在学生头脑中形成了清晰的物理图景。

对于物理公式则可采用"一式多变"的方式,引导学生深入剖析公式中蕴含的物理意义。例如,库仑定律的表达式通常为 $F = kQ_1Q_2/r^2$,教学时也可将它拆分成 $F = kQ_1/r^2 \cdot Q_2$ 或 $F = kQ_2/r^2 \cdot Q_1$ 的形式,并要求学生解说此时公式所表达的物理意义,从而突出了电荷间的库仑力是"电场对电荷的作用力"这一本质特征。

二、物理规律变式教学

物理规律是物理现象、物理过程在一定条件下必然发生、发展和变化规律的反映,它深刻揭示了物理概念之间内在的本质联系。物理规律是物理学科的核心组成部分,物理规律教学则是物理教学的重要内容和任务。要让学生理解并掌握好物理规律,我们重点在于解决好三个方面的问题(3W):一是"为何"(Why),即让学生了解物理规律的来龙去脉,经历规律的发现与建构过程;二是"是何"(What),即让学生揭示物理规律的内涵,理解规律的物理意义;三是"如何"(How),即让学生把握物理规律的适用范围,明晰规律应用的思路与步骤。实践表明,在物理规律教学中利用变式手段,将有助于上述问题的解决,从而提高教学效果。

1. 了解物理规律的来龙去脉,经历规律的发现与建构过程

物理规律揭示了物理世界的奥秘,极大地丰富了人们的认知;物理学家在探索、发现物理规律的过程中所体现的卓越才智,更是人类智慧的结晶,值得后人继承和发扬。因此,我们的教学不应急于把物理规律直接端给学生,让他们尽快占有现成的结论,而是要引导学生循着物理学家的足迹,去探寻物理规律的发现过程,继而完成对知识的建构,使他们更好地理解知识的本质,感受科学的思想与方法。

物理规律的发现与建构主要有两种途径。一是实验归纳,即提出课题→猜想假设→实验观察→分析归纳→总结规律;二是理论演绎,即提出课题→猜想假设→推理论证→实验检验→总结规律。实际上,实验归

纳与理论演绎这二者往往是交替使用、相辅相成的。正如著名物理学家密立根所说："科学是在用理论和实验这两只脚前进的。有时是这只脚先迈出一步，有时是另一只脚先迈出一步，但是前进要靠两只脚。"同样地，物理规律教学也应如此。

例如"曲线运动速度方向"的教学，一般都是通过观察现象，诸如雨伞甩出的水滴、砂轮溅出的火星等，而后就给出结论：质点在某点的速度方向沿曲线在这一点的切线方向。如此教学看起来似乎顺理成章，但是没有做到"就物论理"，从现象到结论之间那一段富有教育价值的过程，被轻易地"短路"了。尤其是，这样的推理论证，没有做到"两只脚走路"，有悖于物理学科的特色，也不符合科学的规范。

通过现象的观察，尽管学生不难得出：曲线运动的速度方向可能沿曲线的切线方向，但这仅仅是一种猜想，还有待进一步的验证。首先是实验验证。比如让学生用蘸有墨水的小球，沿着由几段磁性塑条拼接而成的轨道做曲线运动（图 3-52），他们发现小球无论在何处脱离轨道，它在底板

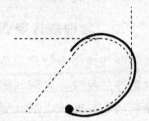

图 3-52　小球做曲线运动的轨迹

上留下的轨迹都与该点处的切线方向吻合，从而为猜想提供了实证。

接下去还要进行逻辑推理。教学中可引导学生通过对如下问题的思考，对上述猜想予以进一步的分析论证：①如图 3-53 甲，若质点在 A 点脱离轨道沿切线方向飞出，它做什么运动？（匀速直线运动。）②匀速直线运动的速度方向有何特点？（每一点的速度方向总是沿着直线的方向。）③据此可以确定质点在 A 点时的速度方向吗？（因为 A 点也在这条直线上，所以它的速度方向一定沿此直线方向，也就是沿 A 点的切线方向。）此外，也有的学生根据平均速度与瞬时速度的内在关系，运用极限思想将割线向切线无限逼近（图 3-53 乙），得出相同的结论。上述"实验观察＋理性思维"的教学过程，不仅使学生对所学知识有了更深切的理解，也使他们经历了一次基于证据进行科学推理论证的有益尝试。

又如"探究电磁感应的条件"的教学。学生对于这个课题的学习大致需要经历三个阶段，即"导线切割"→"B、S 变化"→"磁通变化"，这样的学习路径其实也和人们的认识规律相一致，即"特殊→一般→本质"。我们的教学一般都会按照这样的流程展开，但其中还有值得商榷的问题。

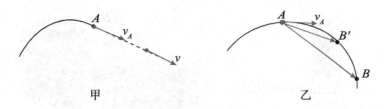

图 3-53 曲线运动的速度方向

例如，学生通过实验可得出结论：①当 B 不变，S 变化时会产生感应电流；②当 S 不变，B 变化时也会产生感应电流。接着要从"B、S 变化"过渡到"磁通变化"时，不少教师会说如下的话作为推理的依据：因为 $\Phi = BS$，所以我们可以用磁通量来描述感应电流产生的条件。这样教学看起来似乎顺理成章，其实并没有凸显知识的本质与关键，因为它只是道出了 B、S 与 Φ 各量之间的相关性，而没有揭示以 Φ 变化作为条件的必然性！这就导致学生对电磁感应产生的条件只是知其然，而不知其所以然，以至于向他们进一步追问："如果 B、S 同时变化，一定会产生感应电流吗？"学生几乎都会做出肯定的回答，这就充分暴露出这种教学的不足与纰漏。

针对这一问题，我们特意设计了如下的反例变式实验，为学生创设一种探究的情境。图 3-54 是自制的立体"喇叭口"模型，在上面放置圆柱形磁铁，并套上一个与灵敏电流计相连的线圈，线圈通过活扣可改变面积大小。实验时，控制活扣使线圈紧贴着"喇叭口"模型往下移动。显然，在此过程中线圈所处的磁感应强度 B 以及线圈的面积 S 都发生了变化，但是灵敏电流计的指针却没有偏转。令人意外的实验事实引发了强烈的认知冲突，使学生激起了"一探究竟"的求知欲望。

通过思考与讨论，学生从实验中获得启示，他们认识到：B 或 S 的变化并非是产生感应电流的本质条件。那么，产生感应电流的本质条件究竟是什么呢？学生的思维活动迅速聚焦到了课题的中心。这时，教师出示用铁屑模拟的圆柱体磁铁的磁感线谱，通过比对学生发现，原来"喇叭口"模型的曲面正好与磁场磁感线的走向相吻合（图 3-55），这就导致线圈贴着模型曲面移动时，虽然磁感应强度 B 以及线圈面积 S 都在变化，但穿过线圈内的磁感线条数，亦即磁通量却始终保持不变。至此，问题的答案已非常明显，学生深切地认识到：穿过闭合电路的磁通量发生变化，才是感应电流产生的本质条件。

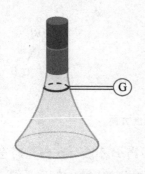

图 3-54　喇叭口模型

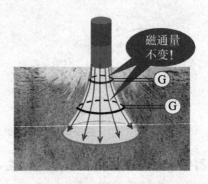

图 3-55　喇叭口中的磁通量

教学实践表明，学生经历物理规律发现与建构的过程，了解物理规律的来龙去脉，一方面有利于他们加深对知识的理解与掌握，另一方面也有助于他们对科学本质的理解。科学的本质观告诉我们，科学的发展是人们不断提出假设并让其不断经受反驳的过程，不能被否证的理论是伪科学。因此，在物理教学中我们不仅要做证实性的实验，有时还要做证伪性的实验，如上所述的反例变式实验就是一个例子。

2. 揭示物理规律的内涵，理解规律的物理意义

物理学是一门严谨的科学，物理规律的表述也往往是简明扼要，甚至高度抽象化的，这就成了学生学习相关知识的一大门槛。对此，我们有必要运用教学变式手段，使学生能够透过物理语言的抽象外壳，去深入、准确地把握物理规律的本质。

例如，我们可以采用"层层剥笋"的方法，引导学生深入剖析物理规律的内涵。

如在楞次定律的教学中，学生对其内容的表述——"感应电流具有这样的方向，即感应电流的磁场总要阻碍引起感应电流的磁通量的变化"，大多感到难以理解，觉得这个表述似乎像绕口令。突破难点的关键显然在于"阻碍"二字。为了让学生真正懂得"阻碍"的物理内涵，我们可以由浅入深地逐次提出如下问题，引导学生进行思考与讨论。

①谁在阻碍？→②阻碍什么？→③怎样阻碍？→④为何阻碍？→⑤是否阻碍？

通过这样一组变式问题链，学生在层层追问之中，逐步深入地理解楞次定律的内涵，从而准确把握它的本质。

众所周知，许多物理规律是采用数学语言（公式、图像等）表述的，以求更加简约与深刻。但这也给教学带来了新的问题与挑战。尤其是学生对物理规律的学习，容易产生一种偏向，即只注重规律外在的数学形式，而忽视规律蕴含的物理本质，从而导致不少学生，将物理规律的学习等同于物理公式的学习，甚至异化为数学公式的演算。

针对这种"丢魂失魄"的教学现状，我们不妨来个"咬文嚼字"，促使学生准确理解物理规律的意义。例如，学习牛顿第二定律 $F = ma$ 时，我们可以紧扣公式，要求学生思考并说明如下问题。

①公式的右边表示什么？（物体的总质量与加速度。）

②公式的左边表示什么？（物体所受的合外力。）

③公式的等号表示什么？（因果关系、数量关系、方向关系。）

④F 与 a 的联系具有怎样的特点？（同体性、同向性、同时性。）

通过这般对物理公式的条分缕析，学生对所学物理规律的理解，就不再只是个抽象、干瘪的公式，而是形成了一幅清晰的、具有丰富内涵的物理图景（图 3-56）。

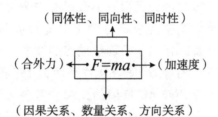

（同体性、同向性、同时性）

（合外力）$\longleftarrow$ $F = ma$ $\longrightarrow$（加速度）

（因果关系、数量关系、方向关系）

图 3-56　牛顿第二定律的内涵

除了类似上述的正面问题之外，教学中还可以提一些反面的，甚至似是而非的问题让学生辨析。如图 3-57 所示，静止在水平地面上的车厢受力 F 作用，却没有产生加速度，这与牛顿第二定律矛盾吗？为什么？对此多

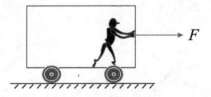

图 3-57　牛顿第二定律拓展分析

数学生的回答是，因为人与车厢作为一个系统，F 是它们之间的内力，故不会产生加速度。从而强调了公式中 F 指的是"外"力。但对此有人提出了不同见解：如果将车厢与人隔离开来，那 F 不就是人对车厢施加的外力吗？它应该产生加速度呀！新的问题激起了学生更深入的思考。通过交流讨论，最终大家达成了共识，原来人在向前"推"车厢的同

时，还用脚在向后"蹬"车厢，这两个力的方向相反、大小相等，作用在车厢上的合力为零，因而没有加速度产生。由此进一步强调了公式中 F 指的是"合"外力。教学实践表明，创设实际情境，让学生有针对性地思考、辨析问题，有助于他们准确理解所学规律的物理含义。

又如平面镜成像规律的教学。学生对平面镜成像的特点记得很牢、用得很熟，但对成像的原理却不求甚解。其实，镜像对称只是外在的几何特征，而光的反射才是成像的物理本质。我们可以通过变式问题，把成像的物理本质重新揭示开来。

问题 1：如图 3-58，光点 S 通过平面镜 M_1 和 M_2 能够成几个像？

对此问题学生都能利用镜像对称，得出正确的答案（图 3-59 甲）。

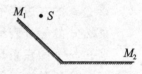

图 3-58　光点在平面镜中的成像

问题 2：将 M_1 镜面截去一部分（图 3-59 乙），这时光点 S 通过平面镜 M_1 和 M_2 还能成几个像？

多数学生认为，截去部分镜面并不会影响物像对称的关系，因而他们的答案与上题一样；当然也有部分学生对能否成像 S_3 提出质疑。孰是孰非？争论的焦点最终指向了平面镜成像的原理。实际上，光点 S 对平面镜 M_1 第一次所成的像 S_1 能否通过平面镜 M_2 再次成像 S_3，取决于光点 S 发出的、经平面镜 M_1 反射的光线能否射入平面镜 M_2 发生第二次反射。由图 3-59 丙所示的光路图可知，经平面镜 M_1 反射的光线在 M_2 镜面上方掠过，并没有在 M_2 镜面再次发生反射，因此也不可能成像 S_3。

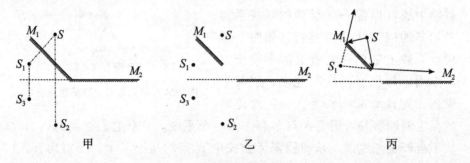

图 3-59　光点在不同平面镜中的成像

通过对上述变式问题的辨析与讨论，学生拨开了那些外在的非本质特征的遮蔽，从而更深入地揭示并把握平面镜成像的物理本质。

按照现代知识分类理论，一般可以将知识分为三种，即陈述性知识、程序性知识和策略性知识，三者的水平呈逐级递进的关系。我们的教学应致力于推进学生知识由低到高的转化提升，而变式教学则可为这种知识的进阶提供有效的阶梯。例如关于向心力规律的知识，我们可通过如下的变式问题来提升相应的知识水平。

问题 1：质量为 m 的物体做匀速圆周运动，已知轨道半径为 r，角速度为 ω，求所需的向心力。

对于此类"是什么"的问题，学生运用陈述性的知识，直接引用公式 $F = m\omega^2 r$ 即可回答。

问题 2：光滑水平圆盘上的物块质量为 m，用穿过圆盘中心小孔的细线与另一质量为 m_0 的小球相连（图 3-60），当物块以角速度 ω 做匀速圆周运动时，小球恰能保持静止，求此时的轨道半径 r。

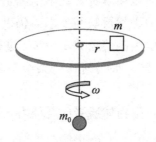

图 3-60　物体在圆盘中转动

面对这样的问题，学生需要对具体的物理情境做出具体的分析，进而确定"怎么做"，直至解决问题。这显然达到了程序性知识水平。

问题 3：（接上题）若此时物块的角速度 ω 突然增大，试问轨道半径 r 将如何变化。

多数学生对此问题的思路是，以物块为研究对象，根据 $F = m\omega^2 r$，由于 F、m 均不变，则随着 ω 增大，半径 r 必然减小。这样的推理过程，暴露出学生对向心力规律的本质含义并未真正理解。他们只关注向心力公式中各个物理量之间的数量关系，而没有领会做匀速圆周运动的物体所受的合外力与它所需的向心力，这一对"供""求"矛盾之间的辩证关系。其实，公式 $F = m\omega^2 r$ 只是适用于"供求相当"的特殊情况，而现在随着角速度 ω 增大，必然导致"供不应求"，于是物块将离心而去，其轨道半径 r 不是减小而是变大。

由此可见，学生出错的原因不是缺乏相关的知识，而是受知识水平的限制，他们对知识的理解与运用，仅仅停留在"怎么做"的程序性知识水平上，没有及时提升到更高层级的"为什么"的策略性知识水平。对于学生而言，其实后者更为重要，我们在教学中应经常让他们进行类似的变式训练，以加深他们对知识的理解，推进知识水平的提升。

3. 把握物理规律的适用范围，明晰规律应用的思路与步骤

在运用物理规律解决问题时，为使学生达到思路正确、格式规范的要求，教师都会反复强调相应的应用步骤。如用牛顿运动定律解题的步骤一般是：①明确研究对象；②分析受力情况；③分析运动情况；④设定坐标正向；⑤列方程求解。

但现实的状况是，学生对这些给定的步骤往往是知其然而不知所以然，甚至认为这是教师人为的规定、额外的累赘，因而收效甚微。对此，我们应该回归到物理规律本身，让学生真正懂得，这些步骤的规定其实都是规律自身内涵的必然反映与要求。仍以牛顿运动定律的应用步骤为例，教学中可引导学生围绕公式 $F = ma$ 进行如下的分析讨论。

①公式中的 F、m 与 a 都是对应于某个对象的，所以应用规律时首先要明确研究对象。

②公式中的一边 F，是物体所受的合外力，因此必须分析物体的受力情况。

③公式中另一边 a，反映的是物体运动状态的变化，因此还要分析物体的运动情况。

④公式中等号反映的是 F 与 a 的矢量关系，为了把矢量运算转化成标量运算，就须预先设定坐标正向。

⑤与公式相关的各项内容均已落实就绪，接下去就可列方程求解。

通过这样的分析讨论，学生自然而然地就总结出了相应的应用步骤，并且他们不仅知道该怎么做，更明白了为什么要这样做。

其他物理规律的应用，也同样可以让学生从规律本身的物理内涵出发，去分析归纳相应的步骤。这样做的好处是，不仅使学生运用规律解决问题的思路更加清晰，格式更为规范，而且还有利于培养他们实事求是、一切从实际出发的科学态度与习惯。

物理规律是在一定条件下或一定范围内总结出来的，因而都是相对真理，有着特定的适用条件或范围。但是学生的一大通病却是不问条件，乱用规律。为了有效地解决这个问题，我们可设计一些针对性的正例或反例变式，将学生置于似是而非的问题情境中，迫使他们去深入思考和辨析，从而把握规律的适用条件。

例如，为了强调万有引力定律的适用条件，可逐次提出如下的变式问题，让学生思考、讨论。

①你与你的同桌之间有引力作用吗？为什么不会因此而靠拢？（图3-61甲）

（对此问题，学生都能做出正确回答。）

②你能通过计算求出你俩之间的引力大小吗？

（许多学生会把两个人的质量以及两个人间的估算距离等数据代入万有引力定律公式，通过计算得到一个结果。）

③你认为这样的计算有问题吗？为什么？

（在诘问之下，学生才意识到不能将如此接近的两个人当作质点来处理，因而也就不符合万有引力定律的应用条件。）

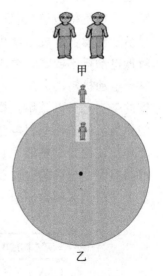

④你受地球的引力有多大？你能通过计算求出它的大小吗？

（受上面问题的影响，许多学生又纠结于能否将人与地球看成质点而无从下手，后来经教师提示，可将地球视作质量集中在球心的质点，于是应用公式计算求出结果。）

⑤设想你抵达离地心距离等于 $R_{地}/2$ 的深井，你的体重将会如何变化？（图3-61乙）

（这时很多学生又套用上题的经验将地球等效为质点，然后根据平方反比规律，得出体重增大4倍的答案。他们在规律的适用条件上再次犯错。）

图3-61 万有引力定律

上述变式问题的特点是，尽管题目反复在变，但是焦点始终不变。学生在屡屡犯错的过程中不断汲取经验教训，从而加深了对万有引力定律的适用条件的理解与把握。

又如欧姆定律的适用范围。尽管教师再三强调它只适用于纯电阻电路，但学生对此印象不深，应用规律时经常犯错。一个重要的原因是，我们在欧姆定律教学中的变式不足，学生面对的都是清一色的纯电阻电路。因此，在欧姆定律的教学中，可以采用如下的变式设计（图3-62）。

①先是把电阻 R 接入电路，由实验得出电阻两端电压与通过的电流成正比的结论。

②改换其他电阻接入电路，实验结论相同。

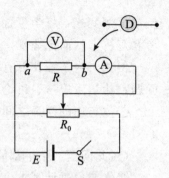

图 3-62　欧姆定律实验设计

③将电阻 R 换成微型电动机 D 接入电路，重新实验。随着电压从 0.20 V、0.40 V、0.60 V 逐次升高，电流也由 0.31 A、0.61 A、0.90 A 成正比例增大，这与学生的预期完全一致。但是当 a、b 两端电压升至 0.80 V 时，意外发生了：此时电流表的示数不是他们按正比关系预想的1.20 A，而是 0.38 A(表 3-2)。面对这种反常情况，学生被激起了强烈的认知冲突，他们亟待破解"这是为什么"。这时教师不要急于给出答案，而是重做演示实验，并要求学生仔细观察。结果学生发现，当 a、b 两端电压较低电动机不转时，电流随着电压成正比增大；而当 a、b 两端电压升高至电动机转动之后，电压与电流就不再满足正比关系。教师在学生观察的基础上予以总结，指出：当电动机不转时，它消耗的电能全部转化为热能，这是纯电阻电路；当电动机转动时，消耗的电能除了转化为热能外还转化为机械能，它是非纯电阻电路。显然，欧姆定律只适用于纯电阻电路。这样的变式教学，为学生理解与掌握欧姆定律的适用条件留下了清晰、深刻的印象。

3-2　实验数据记录表

U/V	0.20	0.40	0.60	0.80	1.00	1.20	…
I/A	0.31	0.61	0.90	0.38	0.41	0.46	…

不是预想
的1.20 A

不少学生在应用规律求解问题时，往往缺乏理性的分析，只会机械地套用公式。要纠正这种"做题不讲理"的倾向，一种有效的方法是设置"知识陷阱"，让学生吃一堑，长一智。

例如，学了自由落体运动后，可让学生求解这样的问题：雨滴通常从 1500 m 左右的高度落下，经过多长时间落到地面？落到地面时的速度是多少？

结果发现学生的解题过程及答案如出一辙：

$$t=\sqrt{\frac{2h}{g}}=\sqrt{\frac{2\times1500\text{ m}}{10\text{ m/s}^2}}\approx17.3\text{ s}。$$

$$v_t=gt=10\text{ m/s}^2\times17.3\text{ s}=173\text{ m/s}。$$

令人错愕的是，全班竟无学生对此提出质疑。直至教师提示"六四式手枪的子弹速度也不过 400 m/s"时，他们才意识到上述答案的荒谬性——雨滴真以那么快的速度落到头上，不砸个洞也要砸出个包！为什么公式正确、计算无误，答案却是错的？问题究竟出在哪里？诸多的困惑使学生进入一种愤悱状况之中，他们的思维也被迅速激活。经过一番热烈的讨论，最终找到了问题的症结所在，即受空气阻力影响，高空下落的雨滴并非做自由落体运动，相应的公式也自然不能搬用。接着，学生还结合已学的知识，进一步分析推理得出，高空落下的雨滴最终会以某一速度（即收尾速度）匀速地落下。

这样的教学让学生感到收获颇多，一方面加深了对物理规律的理解以及适用条件的把握，另一方面还从中领悟到，解物理题不同于解数学题，演算求得的数学解也并非等于物理解。

三、物理实验变式教学

物理实验是人们在一定条件下通过直接干预物理现象或过程，来揭示其内在本质与规律的一种手段。但科学发现的历史告诉我们，大自然不会轻易地以真面目示人，它常常把假象呈现给我们，而把真相隐藏起来。物理实验也是如此。一些反映事物本质属性的物理现象往往"深藏不露"，而那些反映非本质属性的现象倒有可能"喧宾夺主"，以鲜明的形式呈现在学生面前，使之产生错觉，从而直接影响实验教学的效果。对此，我们可以充分运用实验变式，通过相应的变式手段，引导学生在实验过程中由表及里、去伪存真，进而准确地把握物理现象的本质和规律。

物理实验教学中可供选用的变式方法策略很多，下面结合教学实例择要简述如下。

1. 拓展实验过程，准确感知现象

人们常说"外行看热闹，内行看门道"。物理世界千姿百态，呈现的物理现象更是缤纷多彩，如何引导学生透过现象看本质，这是物理实验教学的核心所在。但在实际教学中，由于受到实验条件的限制或教学进

度的影响，我们往往采用"短平快"的实验方案，尽量压缩实验操作过程，以求尽快得出相关结论。

例如，牛顿第三定律是人们基于大量的实验事实经过分析概括得出的普遍规律，但惯常的教法是由教师列举实例、演示弹簧秤对拉实验，再讲解归纳相互作用力的大小、方向关系，继而给出结论。如此教学看似简洁明快，但学生对所学的知识难以深入理解与把握，更不利于科学思维的培养。尤为严重的是，长此以往将使学生对科学形成错误的认知与观念，以为科学发现总是一帆风顺的，这显然有悖科学的本质，因为科学总是讲究证据，试图确定和避免偏见。

为此，我们在教学中应充分拓展实验过程，通过多方面、有代表性的演示或学生参与的实验，引导学生观察分析，准确感知物理现象。例如，关于物体作用的相互性，就可开展以下的实验活动(图 3-63)。

同学甲 ⇄ 同学乙　　汽车 ⇄ 路面　　螺旋桨 ⇄ 空气　　物块 ⇄ 水　　磁铁 ⇄ 导线

图 3-63　牛顿第三定律实验

①大小两位同学对拉，然后让大同学站在滑板车上再拉，说明他们间的拉力是相互的。

②玩具汽车在轻薄的平板上前行，搁放在轮轴上的平板同时向后运动，可见两者之间的摩擦力也是相互的。

③在教室里放飞模型直升机，学生通过分析明了飞机的螺旋桨与空气之间的作用是相互的。

④用弹簧秤悬挂一物块，另外将盛水的烧杯放在台秤上。当把物块浸入水中时，发现弹簧秤读数减少，而台秤的读数增加了，这说明物块和水之间的作用力也是相互的。

⑤学生在初中已经做过安培力实验，现在不同的是将蹄形磁铁放置在小车上。学生发现，当通电导线受力运动时，磁铁也同时做反向运动，这说明它们之间的电磁作用也是相互的。

通过上述实验观察活动，学生对物体的相互作用有了充分的感知，形成了丰富的物理表象。在此基础上，他们分析归纳得出：无论是不同种类的物体（固体、液体、气体等），还是不同性质的力（重力、弹力、摩擦力、电磁力等），两个物体之间的作用总是相互的。

这样教学的意图在于，物体作用的相互性不仅作为一个物理知识向学生传授，更是一种思想观念的熏陶与渗透。思想观念的形成不同于知识的传授，不是通过教师的直接"告知"就能达成的，而是需要学生经历必要的学科活动过程，不断地获得体验与感悟，最终才能把握物理本质，凝练升华为一定的思想观念。

2. 变更实验条件，突出物理本质

实验条件的变更大致有两种思路，一种是做减法，即尽量排除那些非本质的因素，通过对实验条件的纯化，起到积淀物理本质的作用；另一种是做加法，即有意设置一些干扰因素，通过对实验条件的强化，从而达到凸显物理本质的目的。需要说明的是，减法实验和加法实验形式上看似背道而驰，其实是异曲同工，都是为了揭示物理现象的本质，因此两者在运用时也并非截然分开，而是并行不悖、相辅相成的。

以光电效应的演示实验为例。现行教材的实验方案是用紫外线去照射锌板，锌板因失去电子带上正电，使验电器指针张开。但在具体实验时，由于锌板因光照而产生的电势太低，不足以使验电器指针起偏，实验往往是零结果。为了克服这一疑难问题，有人另辟蹊径提出了多种演示方法，常见的有如下几种。

①预带负电法（图 3-64 甲）。使锌板预先带上负电荷，当用紫外线照射锌板时，可见验电器的指针张角逐渐闭合为零，表明锌板失去了电子。

②附加电场法（图 3-64 乙）。在不带电的锌板附近放置一带正电的物体，当用紫外线照射锌板时，验电器的指针张开。经检验，锌板带上了正电。

③电容辅助法（图 3-64 丙）。在不带电的锌板附近放置另一块金属板，连接如图，并用紫外线照射锌板。当把金属板突然拉开时，验电器的指针随之张开，锌板带上了正电。

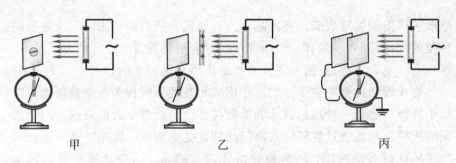

图 3-64　光电效应实验

　　单从演示效果来看，上述实验方案似乎立竿见影、现象明显，但对学生而言，却会产生诸多疑虑甚至误解。例如方法①，锌板失去电子会不会是紫外线的电离作用所致？光电效应是否特指金属多余电子被释放的现象？对于方法②，为什么要附加电场？它是产生光电效应的必要条件吗？至于方法③，让许多学生感到不解的是，为什么要另加一块极板？显然，这种单一层次的操作、一步到位的教学，不利于学生对物理现象及本质的理解，也难以激发学习的积极性。因此，我们应充分运用实验变式，尽可能为学生提供一种探究的情境，引导他们通过不同的角度和方法，去认识物理世界的真实面貌。仍以光电效应演示实验为例，我们可按如下变式层次有序地展开教学。

　　首先，用紫外线照射带负电的锌板，让学生分析验电器指针闭合的可能原因，并鼓励他们设法验证自己的想法。关于紫外线电离作用的影响，学生就提出了多种方案予以排查，如在带负电的锌板前放置普通玻璃板（它能吸收紫外线），或者让锌板预先带上正电，再开启紫外光灯照射，结果验电器指针并未闭合，由此确认产生这种现象的主要原因是紫外线的照射，而不是它的电离作用。

　　其次，用紫外线照射不带电的锌板，结果验电器的指针竟未张开。这与学生的预期完全相反，激起了强烈的认知冲突。在教师的启发下，通过思考与讨论，他们找到了问题的症结所在：锌板因失去电子而在周围形成阻碍光电子继续逸出的反向电场。他们也提出了相应的对策：在锌板附近放置带正电的物体，以产生附加的正向电场。经过实验验证，果然呈现出了预期的光电效应现象。

　　最后，用紫外线照射带负电锌板的背面（氧化层），或者照射带负电的铝板、铜板等其他金属材料，结果验电器指针均不偏转，这说明光电效应与物质本身的内因条件相关（逸出功）；然后改用白炽灯照射带负电的锌板，验电器的指针也不偏转，这又表明出现光电效应现象，入射光还需具备一定的外因条件(极限频率)。

上述多层次的演示，不断变更实验条件，例如：改变光照条件(不仅用紫外线，还用白炽灯光)，改变材料条件(不仅用锌板，还改用铜板、铝板等)，改变初始条件(不仅用紫外线照射带负电的锌板，也照射带正电的锌板，最后还照射不带电的锌板)。然而变是为了不变。这一系列变式实验的目的是力求做到：撇开次要因素，排除干扰因素，突出本质因素，使所研究的物理现象以更为简化和纯化的形态显露出来，从而让学生能更好地把握光电效应现象的物理本质。

3. 改变演示策略，提高教学效果

在教学实践中常有这样的事例：有时做同一个实验，甚至用同样的仪器，但由于采取不同的方法策略，实验效果可能会大相径庭。例如光的全反射现象，都会采用图 3-65 所示的光具盘来演示，但是却有两种不同的教学方法。

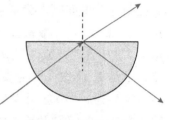

图 3-65 全反射

一般的教法是先演示实验。让光线沿半圆形玻璃砖的径向进入玻璃再射向空气，并由小到大地改变入射角，要求学生重点观察折射角的变化情况。可以发现，当入射角超过某一角度时，就只有反射光线而没有折射光线。教师顺势指出，这就是今天要学习的光的全反射现象，继而进入新课的教学。

另一种教法是先让学生思考这样的问题：一束光线从玻璃($n=\sqrt{3}$)射入空气，已知入射角为 $60°$，试问折射角是多少？这个问题看起来并不难，因为他们上节课已学过光的折射定律，但在求解时却遇到了意外的麻烦。有的学生由 $\sin 60°/\sin\theta=\sqrt{3}$，解得 $\theta=30°$，光从玻璃射向空气，折射角却比入射角还要小，显然不对；也有的学生由 $\sin\theta/\sin 60°=\sqrt{3}$，得出 $\sin\theta=1.5$，折射角的正弦值居然大于1，更是荒谬。这究竟是为什么呢？学生陷入了极大的困顿之中。这时教师提示：物理是以实验为基础的，我们不妨做个实验来观察一下吧。在学生期待的目光中，教师演示了如上的实验，结果发现当光线以 $60°$ 的入射角从玻璃射向空气时，竟然没有折射光线存在。这种新异的光学现象使学生激起了强烈的求知欲望，使他们积极地投入新课题的学习之中。

上述两种教法采用了不同的实验演示策略：教法一是先演示实验，后观察现象，再解释原理；教法二则是先预测现象，后演示实验，再解释原理。两种教法做的虽是同一个实验，但是教学效果却显然不同。前者只是向学生客观地呈现了一种物理现象，后者则能引发他们的认知冲突，激起强烈的学习心向，因而教学效果更好。尤其是，"科学研究始于问题"，注重培养学生发现问题、提出假说的意识与能力，这更符合科学教育的本质。

教学中类似的案例还很多。例如研究竖直平面内的圆周运动，要涉及最高点的临界速度问题，为了突破这一关键点（也是难点），一般都会做如图 3-66 所示的"过山车"实验。但最好的演示策略，不是教师做、学生看，而是教师问、学生想："小球至少应在多高处由

图 3-66 "过山车"实验

静止释放，才能顺利通过图形轨道的最高点?"学生基于他们原先的认知基础与经验，几乎都会做出相同回答，即与圆形轨道最高点的等高处。然而实验结果与学生预测严重不符，小球在到最高点之前就已脱离轨道抛落而下。面对这预料之外的情况，他们展开了热烈的讨论。不少学生认为这是受摩擦阻力影响所致，建议适当调高起始位置以作补偿，但经实际操作，小球仍然到不了图形轨道最高点。后来不断地改变小球的起始位置，直至达到某一高度后，小球才顺利通过了图形轨道的最高点。学生从实验中得到启发，他们的思维活动很快就聚焦到了问题的核心：小球做竖直平面内的圆周运动，通过最高点时应具备怎样的条件呢？能通过分析计算，求出小球通过图形轨道最高点的起始高度吗？而这些问题正是本节课的关键所在。很显然，上述实验教学过程运用的是"预测→观察→解释"的策略，这样做可以把隐藏在学生意识深处错误的前概念充分地暴露出来，其教学效果要比"实验→观察→解释"好得多。

我们的实验教学，通常多采用正面的方式来呈现所研究的物理现象；但有时不妨通过反例变式，引导学生从反面去审视、辨析物理现象，从而达到"以反匡正"的效果。例如静电平衡的教学，为了验证处于静电平衡状态时导体的电荷分布规律，我们会演示法拉第圆筒实验（图3-67甲）：用拾电球分别与带电金属圆筒的内、外表面接触，再经过验电器的检验，就可得出静电平衡时导体电荷只分布在外部的结论。至

此，一般的实验演示也就结束了。

为使学生能对静电平衡下导体电荷的分布规律有更深刻的理解，除了上述正面的演示实验外，我们还可以从反面补充一些变式实验。如图3-67乙，导线的一端与拾电球相连，先问学生：若将导线的另一端与验电器接触，验电器的箔片会张开吗？多数学生认为此时拾电球在圆筒内部并不带电，因而验电器的箔片也不会张开，但实验结果却与之相反。这种反常的现象引起了学生极大的兴趣，经过深入思考与讨论，最终做出了合理的解释：原来拾电球虽在圆筒内部，但是与之相连的导线却有一段处在圆筒的外部，于是就会有电荷的分布。

又如图3-67丙，教师将带有金属长柄的拾电球与带电圆筒的内壁接触，取出后问学生这时的拾电球是否带电。大家都很肯定的回答不带电，但与验电器接触后箔片竟然张开！再次的意外使学生激起了又一波思维的高潮。通过细致的分析，他们终于找到了原因：由于金属长柄的一部分露出筒外，相当于带电导体的外部，因此也就带上了净电荷。

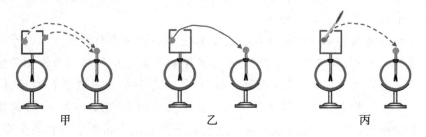

图 3-67　法拉第圆筒拓展实验

学生数次"上当"的经历，不但加深了他们对所学知识的理解与把握，还使他们懂得了观察、分析物理现象不能光看外表形式，更要善于抓住实质。这种教学策略也有助于学生的科学观察和思维能力的培养与提高。

对吴加澍教学策略的研究

"教学策略是教师在教学过程中，为达到一定的教学目的而采取的相对系统的行为。"从教师的成长来看，首先具备的是各种知识，然后是方法和技能，最后才是教学策略。只有具有丰富的教学策略并能灵活运用的教师，才能具有较高的教学艺术水平，达到高境界。吴老师提出的

"以实验为基础、以思维为中心、以过程为主线、以变式为手段"的教学策略，既可以理解成物理教学的理念，又可以看成物理教学的大策略。吴老师提供的物理教学大策略，由于既有丰富的教学实践经验为基础，又有现代教育理论的指导，不仅让学生完成了从具体到抽象的第一次飞跃，也完成了更困难的、从抽象到具体的第二次飞跃。

1. 以实验为基础的策略

物理学是一门实验学科，实验是人们根据一定的研究任务和目的，利用一定的仪器、设备与手段，人为地创造一定的环境或条件，主动控制或干涉研究对象，突出主要因素，在典型环境中探索自然奥秘的研究方法。通过实验，我们可使学生理解为什么要引入新的概念和研究新的规律，揭示新的实验事实与学生原有认知结构的矛盾，有效地激发学生的认知冲突，调动学习的积极性。此外，实验使自然过程简化、纯化，反复再现或模拟再现，从而使学生获得具体明确的感性认识，有利于学生形成鲜明的表象，为概念规律的建立及应用奠定必要的基础，使学生对科学的理解更深刻和持久。

一位成熟的物理教师可能会出于物理学的传统或教材与大纲的要求不自觉地运用"以实验为基础"的教学策略，而吴老师则明确地提炼了出来。吴老师之所以提出"以实验为基础"的教学策略，用他自己的话说，是源于学科特点、认识规律和学生心理。吴老师在《意识功能方法》这篇文章中指出："有些实验原本也可通过教师的讲述，用语言形式来呈现，但与演示实验相比，视觉刺激要比听觉刺激强烈得多，具体形象要比再现形象鲜明得多。"

2. 以思维为中心、过程为主线的策略

吴老师提出以思维为中心和以过程为主线的两个策略，从两个角度论述了同一问题。吴老师曾说，"物理教学的过程，就其本质而言，首先是学生的认知过程"，"从一定意义上讲，物理教学活动的本质就是思维活动"。从教学实践中，我们已经知道从"前科学概念"到"科学概念"的转化是十分困难的。学生只有通过与新的事实的多次相互作用，才会改造原来的知识结构。如果我们轻视思维过程的分析，直接把结论告诉学生，则是"欲速则不达"。针对这种情况，一些优秀教师总结的"欲进先退""溯古通今""模拟发现"等具体教学策略对物理教学虽然有一定的启发作用，但没有充分揭示问题的本质，在概括上缺乏一定的高度，而

吴老师的"以思维为中心、以过程为主线"不仅把握了问题的本质——以思维为中心,还对如何操作进行了界定——以过程为主线。

上述策略的提出既有吴老师的灵感,更有吴老师对思维活动理性的分析。吴老师认为:课堂教学主要由三个因素组成:学生(教学主体)、教师(教学主导)和教材(教学中介)。与之对应,在教学中也并存着三种思维活动,它们之间有着密切、有机的联系。展示思维过程的策略就是将三种思维过程尽量开放,使它们水乳交融、相映生辉,形成一个和谐互补的有机整体,从而为学生的思维发展创造一个最佳的教学情境。为了充分落实"以思维为中心、以过程为主线"的教学策略,吴老师又提出了更具操作意义的一些子策略,具体包括:①以趣诱思,以疑激思,以美引思;②提示认知过程,给学生思维的方向;③剖析物理过程,给学生思维的阶梯和时间;④暴露思维过程(物理学家、教师、学生),给学生思维的钥匙;⑤拓展实验过程,给学生思维的空间。

(1)揭示物理学家的思维过程

华罗庚说过:"学习数学,最好是到数学家的纸篓里去找材料。"吴老师说:"学习物理也同此理,我们应充分揭示教材中物理学家的思维过程,使之成为学生科学思维能力的源头活水。"例如,在学习"自由落体运动"时,吴老师认为应该不惜花较多篇幅介绍伽利略对自由落体的研究。亚里士多德通过观察认为,轻重不同的物体同时落下时重物先着地,伽利略对此表示怀疑,认为研究问题不仅需要观察,还需动手实验,不仅需要定性思考,还需定量计算。经过上百次实验研究,伽利略提出物体沿光滑斜面的运动是匀变速直线运动,进而设想斜面倾角趋于90°时物体的运动情况,进而推论得出自由落体运动的规律。学生在这一学习过程中,学到的思想方法远比知识更重要。又如,卢瑟福通过 α 粒子散射实验,创立了原子核式结构学说,第一次正确描绘出了原子内部结构的图景。这不仅在科学理论上具有重大的意义,而且在思想方法上,也给后人以极大的启迪。它是一次黑箱实验的成功典范,从此人们打开了原子微观世界的大门。为了充分开发、体现这段教材中知识和方法的双重价值,吴老师在教学中把当年科学家"实验观察—分析推理—联想类比—构建模型"这样一个科学思维的全过程充分揭示出来,使学生不仅从中获取科学知识,更受到科学思维方法的熏陶。

(2)展现教师的思维过程

吴老师认为:"教师常常经过精心备课将自己的思维活动过分提纯、

过度包装，思维过程不能充分展现出来，难以有效地启迪学生的思维。"
"首先，教师应自觉进行'心理换位'，经常扮演学生的角色，多用学生
的眼光与心态去审视教学内容；其次，教师应善于'稚化思维'，即在备
课或讲课时，使自己的思维降格，后退到学生原有的思维水平上。面对
一个问题，要有意识地营造一种陌生感、新鲜感，多从学生的思维角
度、思维习惯去体验，力求做到教学双方的思维活动能始终同步协同、
和谐并进。"

　　吴老师的教学策略是以实验为载体展开过程，以问题为线索分析原
理。其最大的特点是：实验观察为思维活动提供了丰富的素材，而理性
思维又为实验观察确定了正确的方向，实验与思维有机结合，同步并
进，两者相得益彰。

　　（3）暴露学生的思维过程

　　一般来说，学生不大会掩饰自己的思维过程，他们的思维活动轨迹
总可以通过上课提问、作业练习、考查等方式真实地反映出来。吴老师
认为："对于一名有经验的教师来说，他不会'守株待兔'，仅仅满足学
生思维的自发暴露，而是善于主动出击，采用多种方法设置巧妙的诱发
情景，迫使学生将潜伏在较深层次的思维活动暴露出来。"从"自发暴露"
到"诱发暴露"，正是教师主导作用的体现。

3. 以变式为手段的策略

　　所谓变式，就是在引导学生认识事物属性的过程中，不断变更所提
供材料或事例的呈现形式，使本质属性保持稳定而非本质属性不断
变化。

　　一方面，从现代知识分类理论看，"以变式为手段"的教学策略充分
体现了程序性知识学习的特点和对学生学习心理的把握。另一方面，这
一教学策略的提出对于改善物理教学现状具有很强的针对性。例如，关
于陈述性知识和程序性知识的学习，教学中存在的普遍情况是：许多教
师认为"我只要讲清楚了，学生就自然学会了"。这一想法忽视了程序性
知识学习的特点。"以变式为手段"的教学策略既能使教师关注学生程序
性知识的学习，又能以适合学生心理特点（同中有异，异中有同，学生
既熟悉又陌生）的方式组织练习，能够让学生通过学习形成一个功能强
大、区分度高、分化细的知识组块。

　　为了落实以变式为手段的教学策略，吴老师提出了一些针对性很强

的子策略。例如，概念变式的子策略为：①提供变式材料，在建立概念的过程中消化概念；②进行变式训练，在运用概念的过程中活化概念。规律变式的子策略为：①正面讲清（来龙去脉，物理意义）；②反面辨析（适用条件，注意事项）；③侧面沟通（融会贯通，灵活运用）。实验变式的子策略为：①变更实验条件，突出物理本质；②编制实验程序，准确感知现象；③改进实验方法，提高教学效果。习题变式的子策略是：①一题多问；②一题多解；③一题多答；④一题多变；⑤一题多联。

例如，"光电效应"实验中一般都是采用紫外线去照射带负电的锌板，验电器指针逐渐闭合，由此得出结论。这似乎看起来水到渠成、顺理成章，其实学生仍心存疑虑：锌板负电荷的消失会不会是紫外线的电离作用引起的？也有的同学会想"光电效应"是不是"金属多余电子被释放的现象"？针对这种情况，吴老师设计了如下的实验变式，优化实验过程。①改变光照条件——不但用紫外线，还用白炽灯；②改变材料条件——不但用锌板，还改用铁板、铝板及黄铜等；③改变初始条件——不但用紫外线去照射带负电的锌板，也照带正电的锌板，最后还要照不带电的锌板等。吴老师通过一系列的变式实验，同时辅以积极的思维活动，使学生能够撇开次要因素，排除干扰因素，强化本质因素，从而较好地把握了光电效应现象的物理本质。

变式教学不是讲授一个一个的知识点，它以一个点为中心编织着知识的网，构建一个一个的知识组块，而这些组块相对于孤立的知识点无疑具有更大的功能，变式教学总是用最少的时间给予学生最多的有序知识。通过变式教学获得的知识是包含着"同化""顺应"过程中吸收的多种知识的一个知识集团，它无疑具有更大的活力。用吴老师的话说，就是变式教学使教学过程按着认知定向—认知加工—认知建构—认知迁移的模式有序、高效地展开。

4. 其他策略

(1)教材处理时的"心理换位"和"稚化思维"

吴老师认为："与学生相比，教师'闻道在先'具有知识上的优势，'师道尊严'又有心理上的优势，但如果处理不当，也会因此而产生负面影响，变优势为劣势。经常有这样的情况：教师经过精心备课，对教材内容烂熟于胸，讲起课来行云流水，学生也听得懂，可就是学不会。一个重要的原因就是教师将自己的思维活动过程过分提纯、过度包装，没有充分展现开来，因此不能有效地启迪学生的思维。"

为了改变这种状况，教师应首先自觉进行"心理换位"，经常扮演学生的角色，多用学生的眼光与心态去审视教学内容，"想学生所想，疑学生所疑，难学生所难"。不要光讲"应该如何做"，而要多讲"为什么要这样做？我是怎样做的"，尽量把教师原始的思维活动过程还原展开，引导学生去思索，从中受到启迪。其次，教师应善于"稚化思维"，即在备课或讲课时使自己的思维降格，后退到学生原有的思维水平上。面对一个问题，要有意识地营造一种陌生感、新鲜感（尽管这个问题已经多次遇到过），多以学生的思维角度、思维习惯和方法去体验：学生是怎么想这个问题的？学生原有的知识水平是什么？要解决这一问题学生还必须习得什么？力求做到教学双方的思维活动能始终同步协同、和谐并进。一些问题如果从教师的思维水平出发，一开始就循着正确的思路进行，给学生的启迪与印象，远不如先让教师与学生一起"做错"，然后逐步发现错误、改正错误来得深。"水至清则无鱼，人至察则无徒。"如果什么都想一开始就搞得一清二楚，到头来反而不清楚。应该说，吴老师的上述观点真正体现了建构主义学习的理念。

（2）课堂教学中留有"接口"和"窗口"

吴老师认为："学生的主体地位需要有一定的时空条件作保证。""上课追求'面面俱到，滴水不漏，讲深讲透'，既不可能，也无必要。""学生在课前一个个像'问号'，而课后一个个都成了'句号'，这绝非是教学成功的标志。"我们知道，过量的信息会产生信息饱和，使学生厌倦学习。吴老师认为要注意运用"空白效应"，即在教学中，不妨给学生留一些"缺口"，促使学生去主动钻研思考；不妨给学生留几扇"窗口"，让他们感受到外面的物理世界是多么精彩；不妨为学生安装几个"接口"，给他们的后续学习埋下伏笔。

第四章　诱导和谐学习——教学艺术

吴加澍老师是一个自觉追求教学艺术的人。他的教学艺术不仅是"求真、向善与臻美"结合的艺术，还是具有普遍适用性的"广谱"教学艺术。他的课堂教学和谐地处理了求真——符合科学性，向善——体现教育性，臻美——追求艺术性三者的关系。

第一节　创设问题情境中的教学艺术

问题是物理教学的核心，建构高效课堂或有效教学的判断标准，应该有两条，第一看学生参与的主动性，第二看学生思维的深刻性，尤其是第二条至关重要。一位古希腊学者说过这样一段话，大脑不是添满的容器，而是点燃的火花，问题就是点燃学生思维的最好的火种。所以有的西方学者认为问题提得好，也就教得好。所以，问题导引是通向高效课堂的一把钥匙，并且是一把万能钥匙。

以"电能的输送"一节为例，分别呈现两种有代表性的教学案例。教师用示教板演示讲解，先是直接送电，结果灯泡发光暗淡，然后将变压器接入电路，高压输电，灯泡正常发光，现象非常明显。在此基础上，教师再来分析其原理，从而完成教学任务。这种方法看起来好像没有问题，但最大的问题就在于没有问题，所以这种教学叫作去"问题化"、去"情境化"的教学，值得我们反思。有意义的学习活动要凭借着一定的教学情境来实施，学生对知识的感悟，通过学生与情境的互动才能够达成，所以这种去"情境化"、去"问题化"的现象，值得我们思考。

一般的物理教学应该体现这样一个教学路径，以情境引出问题，以问题引导学生探究，再通过探究促进学生掌握知识。对于"电能的输送"这节课，怎样上更好一些呢？有效的方法是创设问题情境，然后引导学生探究完成这个教学问题。首先把电路连起来，小灯泡正常发光。然后提问，怎样让最后排的小灯泡也发光？要使后面的小灯泡发光，把它连起来就可以，教师按照学生的意见连接灯泡，当然连的导线是一卷而不是一根，用的是细导线而不是粗导线。学生发现后面接的小灯泡很暗，这个物理现象实实在在地呈现在学生面前，使他们身临其境，这种感受不是看一下就能够替代的。学生自然会想到一个问题，为什么发光暗淡？教师引导学生分析原因，然后寻找解决方案，自然而然地引发学生的思考讨论，最后大家提出减小电阻的解决方案，因为电阻要损失能量。

教师换一圈比较粗的导线，灯泡亮度果然增加，想再亮一些怎么办？学生说换更粗的导线。此时教师总结："线要越来越粗，成本会越来越高，另外技术问题也可能成为障碍，有没有其他的方法呢？"同学们很快提出，除了减小电阻还能减小电流。怎么样减小电流呢？有同学脱口而出："把电压减小，根据欧姆定律，电流就减小了。"教师指出以上做法会使功率减小，不能偷工减料。此时，引导学生根据前面学的变压器知识，采取先高压输送，电流减小，所以消耗的能量减少，然后在用户端把高电压降下来。根据学生提出的方案实际操作，果然达到了预期的效果，完成了任务。前后两种教学方式效果不同，后一种学生的参与性更强，教学效果更好。

通过这个例子，我们可以归纳出两种教学方法，前一种叫知识呈现式，教师把知识呈现在学生面前，让他们尽快掌握；后一种是用问题引导学生主动探究知识，这是两种有明显差异的教学方式。前者通过教师讲解传授知识，后者通过师生互动传授知识；前者教的是结论，学生学到的是记忆，后者教的是思维，为思维而教，学生收获的是智慧，效果更好。

同一个内容的教学，可以用不同的方法，不同的方法体现了不同的教学艺术。教学艺术的美需要我们教师去创造。我认为凡是有效的学习，都应该尽量让学生置于各种生动的问题情境当中，如果能把枯燥的学习活动，转化为有序的活动，学生肯定爱学物理。知识、问题、情境三者有一定的逻辑顺序，备课其实就是要把知识转化为问题，然后将问题融合于情境之中。学习也有一个过程，学生学习这三样东西的最佳顺序，就是在情境中思考问题，在思考问题中掌握知识，这是最符合学习规律的，效果是最好的。所以，由此看来，我们备课和学生上课的过程，恰好相反。说得形象一点，教学设计就是要把知识溶解，教学设计的过程就是溶解的过程。学生的学习过程是知识重新建构，让知识成为自己的东西的过程，学生需要在情境中思考问题，从而掌握知识，学习过程就是结晶过程。教学设计就是问题设计，备课就是备问题。一节好课其实就是由一连串有价值的有效问题组成的。所以，教师自我评价，一节课备得到底好不好，就看这节课提出了哪些问题，这些问题有没有质量，最好连成一条问题链，贯穿课的始终，如果做到这点，完全可以说这肯定是一节好课。如果一个问题都没有，只有结论，肯定不是一节好课。

一、联系生活，创设物理信息

学生在生活中凭直觉和不够严密的概括形成了原始的认知结构。教师可以把课堂和学生的生活联系起来，使学生意识到新经验与原有观念的不一致，从而激发他们产生学习的心理需求。

在学习"闭合电路欧姆定律"时，学生在初中已经学过欧姆定律，并且已经在生活中运用得比较娴熟了。学习新课前，基于学生的生活经验，让学生模拟生活中手电筒发光的原理，临时组装一个简单的电路并闭合电路开关，灯泡正常发光。然后加第二节干电池(图 4-1)，开关先不闭合，问学生："如果闭合开关，这个小灯泡的亮度会有什么变化?"学生认为电压表的示数肯定比原来大，灯泡要被烧坏。结果开关一闭合，灯泡却比原来更暗了，并且电压表的指针比原来偏转的角度更小了。这造成了学生极大的认知冲突。为什么电路中有两节干电池，反而比有一节干电池时灯泡更暗呢? 原来那么高的电压去哪里了呢? 这些都是新的问题，根据学生初中已有的知识是无法回答的。也就是说学生遇到了一个知识台阶，这个台阶能使他们产生一种学习的需求。这时候需要教师指明方向，问题原因在哪里? 很明显，只能够深入到电源内部去找原因。在初中，我们是不管电源内部情况的，但是高中物理，电源也要在我们研究的范畴里。我们要把整个电路作为研究对象，学习与全电路有关的电学规律。短短几分钟，学生意识到了新的学习内容对他们的意义究竟何在。

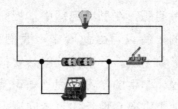

图 4-1　欧姆定律实验引入

二、创设愤悱情境，引发认知冲突

"不愤不启，不悱不发。"古代的教学经验和教学理念，有许多都是精华。认知冲突，就是说原有的认知与新感受的现象之间有矛盾。学生心理上一旦有了这种状态，就会引起认知的不平衡，这种不平衡会让学生产生一种学习动机。我们要激发学生的学习兴趣，一个有效的方法就是产生这种不平衡。

学生预料之外，但又在情理之中，这样的效果肯定是很好的。学生在初中阶段就掌握了"重心"的知识，但总是会犯错，所以针对这种情况教师可设置一个问题情境。教师拿出一段 PV 管，问学生它的重心在哪里，学生说在中点，然后教师把它搁到桌子上，中点刚好在桌子边缘（图 4-2）。教师问："如果放手，它能保持平衡吗？"学生认为可以。教师放手后管子果然稳稳地停在那里。然后再把这个管子拉出一截，大半截在外面，问："如果这时候放手，它还能够平衡吗？"学生异口同声："肯定要掉啊。"结果放手后它稳稳地停在那儿。这时候大家都目瞪口呆。很快有人提出这个管子里面肯定有东西，果然找出了一段金属圆柱体。这时教师再问学生，根据这个实验你得到什么启发，学生自然理解原来重心的位置跟质量分布有关。这个实验就引发了一种认知冲突。

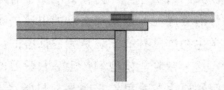

图 4-2　重心实验

在学习"波的干涉"时，经典的机械波的干涉都采用水面波，通过投影让学生看到干涉的图样。为了使学生对波的干涉有更多的感性认识，还可以演示其他机械波。比如声波，取一个音频发生器，旁边放两个相同的喇叭，让他们来听声波，先捂住一只耳朵，用另外一只耳朵来听，左右摇摆身体，声音有轻有重，这就是声波的干涉。然后，在两个喇叭中间放一个话筒，用这个话筒收集声波信号并将其转化为电信号，随着位置的不断移动，有的地方振幅大，有的地方振幅小。说明不同的位置，不同的空间，有的加强，有的减弱，这就使学生对声波的干涉印象更深。

接下来撤去一个喇叭，只留一个喇叭。让学生猜想，打开音频发生器，还能发生刚才的现象吗。大家一致认为不会，因为刚才有两个喇叭，现在只有一个了。让学生用一只耳朵听，仍然听到轻重不同的声音，学生遇到了认知冲突，都陷入了思考。此时，教师可以适当启发，我们得到这个现象说明确实有干涉，应另有波源，那声源在哪儿？此时，同学会想到，声波要反射，每一次反射其实都会产生新的波源，所以多次反射，相当于多个同频率的波源同时在发声。它们的空间叠加当然更复杂，但肯定是有规律的，有的地方强，有的地方弱。通过这种情境的创设，学生对波的干涉的认识更加清楚了。

三、基于实验，创设探究情境

在"自感现象"一节中，必须利用实验才能让学生有效认识自感现象。在传统教学中，一般先做一个通电自感实验，再做一个断电自感实验，如图4-3所示。一般学校里配备的仪器也是分开的，教师分两次独立完成实验。这里有一个很大的问题：实验充其量只是给学生呈现了一种物理现象，然后再进行知识讲授，中间没有过程，只有结果。科学探究需要一个完整的过程，脱离了过程何谈探究呢？所以需要把里面的过程展开。另外，把通电断电分成两次来做，无形当中让学生产生错觉，以为通电自感电路，通电时有自感，断电时没有自感，另一个电路则相反。

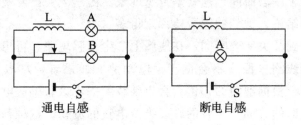

图 4-3 传统自感实验

为了弥补以上缺陷，打破通电和断电电路的割裂状态。我首先给学生呈现一个可操作的实验电路（图 4-4 甲），提问：当开关闭合的时候，线圈里面会有电动势吗？这不仅让学生复习了电磁感应的知识，同时起到铺垫作用。然后把铁芯拆去，把线圈 L' 去掉，提问："如果在这种情况下，在开关突然闭合的瞬间，这个线圈本身会产生一个新的电动势，我们要把实验现象呈现出来，你想用什么方法？"学生有很多方案，有的说连一个电表，也有的说连一个小灯泡。

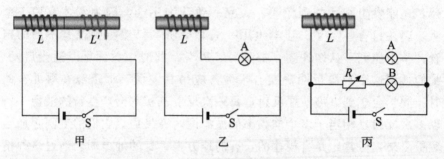

图 4-4   自感实验设计过程

较多的同学认为连一个小灯泡比较简单，我就真的在这个线路上连接一个小灯泡，如图 4-4 乙所示。我让学生先预判，开关闭合的瞬间小灯泡的发光情况。学生分析，开关闭合瞬间线圈有一个感应电动势，又阻碍变化，所以产生的电动势与电源的电动势相反，判断出小灯泡发光可能会延缓。我再来做实验，看灯泡是否是过了一段时间再发光。结果，许多同学说没有，少数同学说至少不明显。怎样把滞后的现象变得明显起来？学生建议可用对比的方法，在灯泡的下面再增加一条电路，以相同的灯泡 B 作为参考，如图 4-4 丙所示。这些方案都是学生在不断完善中提出来的，然后用实践来检验。通过实验，我们看到，上面的灯泡发光延缓了一段时间，这就是自感现象。由学生自己发现现象，比教师直接呈现结论，他们的感受要深刻得多。

刚才看到开关闭合瞬间，在线圈上产生自感现象，再想一下，在断开的瞬间，线圈里面会不会也产生电动势？如果有，灯泡会有什么现象？许多同学根据前面的知识，会想到线圈中应该有感应电动势，并且方向与原电路的方向是一致的，以维持电流的流动。这种判断培养了学生的分析能力。我进行实验验证，学生都说没看到预测的实验现象，他们说只有两种可能，一种是判断错了，另一种可能是效果不明显。多数同学坚持理论分析没有错，肯定有感应电流，因为磁通量始终在变化，只不过效果不明显而已。怎样把它变得明显一些呢？这里又有一个激发学生创新的机会，教师可以适当点拨一些方法，电路中是有感应电流的，但是感应电流持续的时间可能太短了，如果断开的瞬间产生的电流比原来还要大，实验现象可能就明显了。

通过分析，断电后，上面电路由于自感会产生感应电流，下面电路的电流消失。由于电路共接，如果使上面电路中的电流更大一些，且比原来电流大得多，断电时灯泡一闪，这样实验效果可能会更加清楚。怎样增大上面这条电路的电流呢？很简单，减小电阻。怎样减小电阻呢？许多同学提出最简单的方法，把 A 这个灯泡去掉。很明显，上面电阻小，下面电阻大，所以上面电流要大得多。当开关断开时，同学们都清楚地看到，下面的 B 灯瞬间变亮，甚至被烧坏，效果非常明显。学生自己发现，在断电的时候也能产生自感，这样把通电自感和断电自感联系起来（图 4-5），在认知探索过程中解决问题。

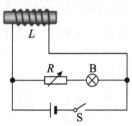

图 4-5 自感实验创新

四、学生参与，创设生成情境

教师要让学生获得一种发现问题的能力，学生提不出问题，首先考虑有没有给学生提供发现问题的情境。例如，有这样一张图片（图 4-6），是人们在练头功。把情境展示给学生，让学生联系刚刚学的摩擦力，试着提出相关的问题。有的提出，头顶压力大的时候，摩擦力大小会不会变化？有的提出，若砖块不滑落，头顶的压力至少多大？砖块之间的摩擦力大小是不是不一样？教师通过这种机会让学生提出问题，尽管有的问题这节课不一定能解决，但这种让学生暴露问题的机会，能营造一种很好的问题情境。很多教师认为，要把学生的错误消灭在萌芽状态，我对这种观点表示质疑，因为课堂本身就是允许学生出错的，他们是在各种错误当中不断成长起来的，有些时候看到学生做对了，说不定他们只是模仿而已。

图 4-6 练头功

但如果学生做错了，绝对是他的原创，学生的错误也是重要的教学资源。

课堂上特别精彩的地方就是，当学生出现错误时，教师巧妙地把学生的错误转化为教学资源。对于学生经常犯错误的一类问题，教师要思考为什么。原因可以归纳为一条，就是学生在学习这个内容的时候，没有犯够错，缺乏免疫力，所以后来一有什么风吹草动，老毛病又犯了，不是错误犯得太多，而是错误犯得太少。

例如，针对受力分析，教师给学生提供一个情境，让学生分析一辆汽车的受力情况。这个问题很基本，学生张口就来：重力、支持力、牵引力、摩擦力。但是学生的错误认识是不是暴露出来了呢？这时可以追问学生，除了这四个力，还有其他力吗？只要你认为有道理，尽量都提出来。通过这样的鼓励，学生就把他们的真实想法都说出来了。有的同学说，还有空气阻力；旁边一位同学又说，还有大气压力；还有的同学提出有地面压力……（图 4-7）。教师引导学生按照题目的要求来分析，哪些是正确的，哪些是可以忽略的，哪些是错误的。通过讨论，大家达成共识，空气阻力相对于地面摩擦力，可以忽略；地面压力是地面受的力，是张冠李戴，应该排除；驾驶员对汽车的压力属于内力，无须考虑。经过一番分析，兜了一圈又回到起点了。再让学生进行分析的时候有什么体会？他们可以自然地总结两点：第一，受力分析是外力，不是内力；第二，受力分析，不是施力分析。这两个要点过去没少讲，但是学生印象不深，通过上述过程的分析得到的概念，能让学生记忆深刻。这样的课，看起来效率似乎不高，但减少了学生犯错误的机会，从整体上来讲，效率反而提高了。所以让学生暴露错误，不是坏事，绝对是一件好事。

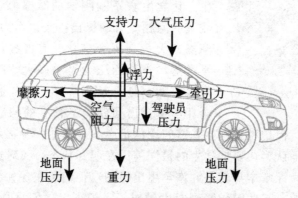

图 4-7　对汽车进行受力分析

我们要让学生掌握科学概念，就要找到学生相关的前概念，因为学生头脑里面并不是一张白纸，物理概念有它在生活经验当中形成的途径。把前概念作为起点，使其与要学的科学概念之间发生剧烈的认知冲突，有助于学生主动地建构相关概念，实现这种概念的转化。对于概念的学习，国际上有一种理论叫作概念转化，所以学生的错误不是我们的一种负担，而是我们教学的起点，是教学的一种重要资源，我们要充分地利用好它。

第二节　课堂教学中的艺术

我们应善于将教材内容对应的知识序、学生学习的认知序、教学过程对应的教学序"简约合宜"地呈现在学生面前，使学生的"心理期望"得到满足，在心理模式与物理规律"同形同构"的气氛中，建立起合理的知识结构。

一、以奇引美

在学习"液体的表面张力"时，我总是先从两则演示实验开始。第一个是吹肥皂泡。尽管每个学生小时候都吹过，可在课堂上看到教师吹，恐怕是头一遭，而且吹出的都是些特别大的肥皂泡，令他们感到新奇，课堂气氛很快就活跃了。随着五彩缤纷的花纹在肥皂泡的表面飘忽变化，一种令人愉悦的美感在学生心中油然而生。接着是第二个演示，把多种不同形状结构的铅丝框浸入肥皂液中，取出来一看，学生情不自禁地发出了阵阵赞叹！那普通的皂膜竟在框架上自动组成了多种漂亮的图案，犹如一件件精美绝伦的艺术珍品，大家都沉浸在一种强烈的审美体验之中。为了进一步将这种体验从官能感受的阶段引向理智领会的水平，还要及时点拨。如在吹肥皂泡时，问学生：为什么肥皂泡都是球形的？你能吹出方形的肥皂泡来吗？在演示框架膜造型时，则向学生点出：若对这些图案进行测量，可以发现任意两个相邻面的夹角总是120°，利用数学知识还可以进一步证明，按这种规律构成的空间图形，表面积最小。上述的演示和点拨，不仅使学生目睹了液体表面现象外在的形态美，而且也初步领略事物内含的规律美，通过审美的移情作用，最终对表面张力这一新课题产生了深厚的兴趣。

二、以曲导美

在"变压器初、次级电压比和匝数比的关系"的教学中，如果只是将两个匝数不等的线圈套在示教变压器的两边，直接告诉学生每个线圈的匝数，然后用电压表测一测输入、输出的电压，这个实验就比较平淡了。我采用的方法如下：首先只在示教变压器铁芯上装初级线圈并接到交流电源上，再用一根长绝缘导线绕次级线圈，边绕边用串联在这根导线上的小灯泡的亮度变化来显示输出电压的大小，学生一定会对次级线圈匝数越多，电压越高留下极为深刻的印象。当学生明确电压与匝数的关系以后，还可以悄悄地把变压器上方的软铁拿掉，当学生发现电压与匝数关系不再成立时，让学生寻找原因。

三、以蕴展美

对于"碰撞"教学，那稍纵即逝的碰撞过程几乎覆盖了高中力学大多数重要的知识点，涉及大多数重要的规律，如果在演示时，仅仅拿两个小球一碰了之，那是远远不够的。对此，我采取"小题大做，步步推进"的方法：先演示几个小球之间的"快碰撞"；接着在气垫导轨上放两个滑块(其中一个滑块上固定一条劲度系数较小的轻质弹簧)，演示它们之间的"慢碰撞"；最后再将滑块的碰撞过程拍成录像重放，利用慢镜头放大时间，利用特写镜头放大空间，使学生能更细微地观察碰撞的全过程。在演示中还注意观察与思考同步，实验与思维并进，引导学生对照实验现象，抓住八个物理量(F, a, v, I, P, W, E_k, E_p)，紧扣三条主线(力与运动、功与能、冲量与动量)，进行过程分析，然后由学生总结出有关规律。实践表明，这样形成的物理图景才是生动、清晰的，这样获得的知识才不至于僵化。

四、以变引美

审美感受的独特和艺术表现的新颖，也是教学艺术的基本要求，是教师成功的秘诀。教学艺术的"新"由下列三个因素构成。

①个别性，即要求教师的教学要以不同于别人的形态出现。

②变化性，即教学过程生动曲折，富有变化。

③独创性，即构思的独特和表现手法的新颖。

在"牛顿第三定律"的教学中，我采用了如下的变式设计。

①静态时两弹簧测力计之间作用力关系的演示。

②匀速直线运动时两弹簧测力计之间作用力关系的演示。

③超重或失重状态时两弹簧测力计之间作用力关系的演示。

④释放充足气的气球，气体与固体之间作用力关系的定性演示。

⑤物体所受浮力与它对液体向下的压力关系的定量研究。

⑥磁极之间作用力关系的演示；电荷之间作用力关系的演示。

上述实验变式中，既有固—液—气的变化；又有接触力—场力的变化；还有静止—匀速—加速的变化，既有定性演示，又有定量研究，这样的教学设计很有艺术性。因为它与众不同，富有变化，体现了"个别性""变化性"和"独创性"，使学生对牛顿第三定律的普适性留下了深刻印象。

五、以情联美

以情感人是人人通晓的艺术诀窍。"动之以情，晓之以理"说明"情"是"理"的基础。

在"回旋加速器"教学中，当学生想到用外加磁场的方法使带电粒子做圆周运动时，我鼓励道："这的确是个巧妙的构想，说不定它还会导致一种新型加速器的诞生呢！"学习上的探究活动，同样需要有情绪力量的投入。为此，教师讲课时不妨带些"情感色彩"，以利于渲染教学氛围，激活学习动因。

六、以真求美

艺术真实是一种审美因素，但艺术真实不等于客观真实。物理教学中的各种理想化模型并不是客观真实存在的。在各种理想化模型的建立过程中，为了研究问题的方便和建立的理论更符合美学特征，也为了使我们建立的理论更符合人的认知心理结构，我们忽略了各种次要因素。这种真实具有心理的真实感，所以学生能接受这些模型，并产生美感。

在"电流表的改装"教学设计中，我设计了如图 4-8 所示的教学顺序。

①将电流表 G 按电路甲直接串联接入电路，随着开关 S 短促闭合，电流表指针迅速偏转，说明原表不能测量较大电流。怎么办？

②有同学提出将多只电流表按乙接入，我按此演示，结果电流表得到了保护，但灯泡却不发光了。可见，这种因噎废食的做法不可取。

③有同学提出修正方案丙。经演示，既保护了电流表，又不影响用电器正常工作，这才是两全其美的正确方法。

④如果只有一只电表（或从经济、观察方便的角度考虑），怎么办？启发学生得出简化的等效电路丁。至此，完成了电流表的改装。

上述设计，无论是说明原表不能测量较大电流的演示，还是方案乙的局限，以及方案丙的可行都因为演示的具体与鲜明给人以很强的美感。

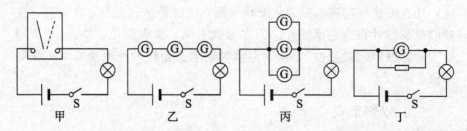

图 4-8　电流表的改装

对吴加澍教学艺术的研究

教学风格是在长期的教学探索中将教学规律和个性特点熔铸一炉，并体现出独创艺术和相对稳定的一种教学作风和格调。查有梁先生认为，教师多种多样的教学艺术风格按照主要特征可以分为以下五种模式（表 4-1）。

表 4-1　教学艺术风格的五种模式

模式名称	模式特点	基本教学过程
情感模式	激发热情，愉快地学	动机—兴趣—激励—转化
形象模式	情境生动，形象地学	直观—模拟—原理—应用
和谐模式	诱导协作，和谐地学	引导—参与—合作—发展
奇异模式	寓于魅力，奇异地学	情境—探究—揭示—跃迁
幽默模式	机智风趣，幽默地学	机智—风趣—愉悦—领会

上述五个模式中，情感模式是最根本的，没有情感的激发与交流，一切教学艺术的魅力都是不可能产生的。教师在追求教学艺术风格的过

程中，既要保持自己的特长和个性，又要达到各种艺术风格的融会贯通，以期取得更好的整体效果。

吴老师的教学风格应该是和谐模式，他能够和谐地处理主体、主导和主线的关系，掌握有序、有度、有节，做到有趣、有情、有理。这种风格对于理科教学来说体现了情理交融的特点，表现出教学的灵活与流畅，体现了教学的美。

仅仅停留在阅读吴老师的文章，我们可能只会惊叹吴老师对物理教学策略的高度概括和总结。如果我们听一听吴老师的报告和课堂教学，那么我们得到的不仅是认知上的满足，更有审美上的愉悦，因为吴老师的课堂教学与报告、讲座是一种艺术。

吴老师在 20 世纪 90 年代初就提出："要做一个合格的物理教师，应该具备'三术'：一是学术，有扎实的专业修养、理论功底；二是艺术，有较高的教学水平；三是技术，有较强的动手能力。"吴老师给自己立下的信条是"没有最好，只有更好；不断追求，超越自我"。由此，我们可以清楚地看出吴老师是一个自觉追求教学艺术的人。他之所以这样做，是源于他对教学成功的深刻理解，他并不认为教学的成功仅仅是完成教学任务或达到知识掌握的目标，而是学生认知结构与情感结构的协调共鸣。他的课堂教学和谐地处理了求真——符合科学性，向善——体现教育性，臻美——追求艺术性三者的关系。吴老师把教学的符合规律性（科学性）作为教学艺术的基点，而他的教学艺术则体现在驾驭教学规律达到了自由状态。

吴老师教学风格"艺术化"特点的形成一方面有吴老师自身素质上的原因。与吴老师接触过的人可能都会感觉到他有着广阔的知识背景和深厚的文学、艺术、审美修养，与吴老师外表的平静和温和形成明显对比的是他的内心总是激荡着强烈地对科学美的追求。吴老师在介绍诱思的方法时就十分注重"情感式动因"——以趣诱思、以疑激思、以美引思。吴老师认为："教师要充分展现物理知识本身的魅力，因为物理学既是科学，也是文化，并且是一种高品位的文化。"从思维角度分析，吴老师的抽象思维与形象思维均衡发展并达到了相当的高度，他在 20 世纪 90 年代初就对在物理教学中培养学生直觉思维能力有自己深刻而独到的见解，并且注重抽象与形象两种思维的和谐发展。吴老师认为："直觉思维与逻辑思维有着十分密切的关系，在一定程度上，可以说直觉思维就是逻辑思维的凝结或简缩，它归根结底还是按逻辑去洞察事物本质，去把握经验总和的。"

吴老师教学风格"艺术化"特点的形成的另一个原因是他的教学经历。了解吴老师的人都知道他在调到义乌中学之前有过 26 年普通中学任教的经历，应该说在这段时期内吴老师的教学风格已经形成。一般来说，重点中学的学生由于自身素质较好，通常对物理概念和规律的接受比较容易，自身内在的求知欲望比较强烈，思维的"活性"很强，常常对问题解决的技巧和方法比较感兴趣，所以许多一直在重点中学工作的著名特级教师，他们的教学具有非常明显的"求真"风格。但一般中学的学生与之不同，他们的学习更需要教师的教学艺术，教学艺术不仅可以帮助他们更好地学习概念和规律，更能够激发他们的学习兴趣和学习激情。

吴老师在教学艺术上之所以能够达到这么高的境界，除了上述因素之外，更重要的一点是他是一个追求教学艺术的有心人。例如，用可拆变压器演示电流与匝数的关系时，所用原副线圈的匝数比为 2∶1，但实际测得的原线圈电流反而要比副线圈大得多，原因是变压器上方那段铁芯还没有搁上去。面对这一局面，吴老师用他的教学机智"反守为攻"，要学生分析为什么没有铁芯实验结果会不同，从而突出了"理想变压器"这个关键条件。用吴老师自己的话说："我平时经常浏览各类报纸杂志，尽量扩大自己的知识面；我也喜欢研读有关人文哲学类的文章，借以提高自身的文化素养；对于其他学科的教改经验与成果，我更是注意兼收并蓄，为我所用。有一次，我阅读生物学书籍，看到里面有一段关于'生物重演律'的内容，它是说，从种细胞到成熟的个体，要经历一段胚胎发育的过程，这一过程正是物种漫长进化历程的短暂而迅速地重演。我由此恍然大悟，人类的认识与发展与生物进化规律相比，有着惊人的相似之处。教学过程恰似人类认识历程的重演，如果我们在进行物理知识教学的同时，能把浓缩在其中的认识历程重演，让学生沿着前人思维活动的足迹短暂而迅速地重走一遍，从中体验和学习思维的方法，那就等于交给了学生一把打开思维宝库的金钥匙。"如此贴切的联想与"众里寻他千百度"有着密切的关系。

教学艺术的一个关键点就是对各种教学要素度的把握，吴老师凭借丰富的教学经验和深厚的背景知识，能够恰到好处地处理教学中的矛盾。吴老师说："科学家要研究的是人们未知的知识，学生要学习的是前人已有的知识，两者在认识的对象上有差异。但是，这些知识尽管别人已经知道，但对学生来说还是未知的，他们仍然要遵循与人们相同的普遍的认识规律，由已知去探索未知，因而两者在认识的过程上并无本质的差异。当然，把教学过程完全还原为研究过程，让学生独立摸索，那是荒谬的；但如果在教学中一味地走捷径，传授现成知识，那也是错误的。正确的做法，是以人们的认识过程为主线，将科学家的原发现过程，从教育、教学的角度，进行必要的剪辑和编制，减少岔道，精简时间，使整个教学过程变成学生主动参与的再发现过程、再研究过程。"

吴老师的教学艺术不仅是"求真、向善与臻美"结合的艺术，还是具有普遍适用性的"广谱"教学艺术。

第五章 从优秀走向卓越——教师发展观

吴加澍老师认为，物理教师在专业成长过程中，应该自觉地做好三项修炼：一是愿景修炼，即不断追求卓越，使自己成为一个永不停歇的行者；二是学术修炼，即提升学术素养，使自己成为一个孜孜不倦的学者；三是心智修炼，即学会哲学思考，使自己成为一个慧眼独具的智者。

第一节 教师专业发展
——物理教师的三项修炼

教育大计，教师为本。为了尽快地建设一支高素质的师资队伍，各地的"名师工程"纷纷启动，"打造名师"之类的口号更是不绝于耳。这对广大教师来说当然是莫大的鼓舞，然而我们在振奋之余，更需冷静思考的是：名师真的是打造出来的吗？我认为，名师不是凭借什么工程打造出来的，真正的名师只能是修炼而成的。打造与修炼的根本差异在于，前者主要靠外力的作用，后者则重在内功的提升。实际上，众多名师的成功之路正是通过自身长期的修炼而铺就的。

全国著名特级教师于漪的人生格言是：一辈子做教师，一辈子学做教师。她身体力行，为我们树立了一生从教、终身修炼的典范。书画巨匠郑板桥一生写竹、画竹，造诣极深。他曾为自己的一幅墨竹画题诗："四十年来画竹枝，日间挥写夜间思，冗繁削尽留清瘦，画到生时是熟时。"这种艺无止境的追求令人感佩。画竹如此，教学又何尝不是如此呢？我将其中的两句改成"四十年来教学子，教到生时是熟时"，并以此作为教学格言，不断地激励自己。就以备课来说，年轻教师将课由"生"

备成"熟",这是他的长进;但对老教师而言,教材、教法都已烂熟于心,课又该如何备呢?他应该着力把课由"熟"备成"生"。需要注意的是,此"生"非彼"生",它指的不是生疏、陌生的"生",而是一种充满新意、生机盎然的"生"。如此看来,由"熟"到"生"绝不是倒退,而是达到了一个更高的层次。唯有这样不断地超越,我们的教学才能常备常新、常教常新,自己的专业水平才能日益提升。

那么,教师的成长应该关注哪几方面的修炼呢?清代诗人袁枚曾有诗云:"学如弓弩,才如箭镞,识以领之,方能中鹄。"对此,我们若从教师专业发展的角度予以解读,或许可以得到相关的启示。诗中的"学"指知识,"才"指能力,这二者都与教师的学术素养相关;"识"指的是见识,而一个人的见识,很大程度上取决于他的思维方式;"鹄"当然是指教师专业发展的目标。专业目标、学术素养和思维方式,这正是教师走向成功的三大要素。因此,物理教师在专业成长过程中,就应该自觉地加强以下三项修炼:一是愿景修炼,即不断追求卓越,使自己成为一个永不停歇的行者;二是学术修炼,即提升学术素养,使自己成为一个孜孜不倦的学者;三是心智修炼,即学会哲学思考,使自己成为一个慧眼独具的智者。如果将优秀的物理教师比作优质的合金钢,那么,他们就是行者、学者、智者三位一体的完美合成。

一、愿景修炼:不断追求卓越

顾泠沅先生曾对名师成长规律做过深入的案例研究,得出的结论是:名师的产生是追求卓越的结果。追求卓越并非企求最好,而是力求更好,不断地超越自我。物理教师的专业成长之路需要跨越三个台阶,即教学技能—教学模式—教学境界。

首先是攀登第一个台阶,即要练好教学基本功,熟悉物理教学常规,使自己具备较扎实的教学技能,能够站稳三尺讲台。接着,要深入探索教学规律,不断积累教学经验,进而彰显教学个性,凝练教学风格,构建具有自己印记(而不是照搬照抄)的教学模式,从而跨上第二个台阶。自20世纪90年代初开始,我与本校物理组的教师们一道,围绕如何优化物理教学过程,进行了为期10年的实践研究与探索,最终确立了"以实验为基础,以思维为中心,以过程为主线,以变式为手段"的教学策略,并采取多项相应的教学措施,成功地构建了"实验·引探·启思"物理教学模式(图5-1)。该模式的实施,不仅有效提升了我校的物理课堂教学质量，还极大地推进了青年物理教师的成长，荣获浙江省首届基础教育优秀成果奖。

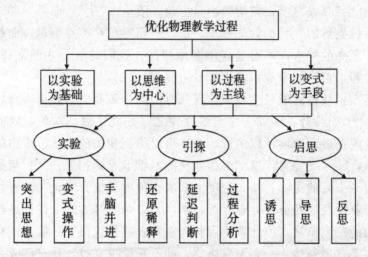

图 5-1　吴加澍物理教学模式

教学从"无模"到"有模"固然是个进步，但我们清醒地认识到，任何一种教学模式，哪怕当时看起来尽善尽美，也都不可避免地带有局限性，一旦面对复杂多变的教学情况，它又会出现新的不适应。今天，我们对上述模式重新予以审视，就发现其中一个很大的"硬伤"：它还是以"教"为中心，而不是以"学"为中心。这种教学重心的失衡，显然与当前新课改的理念和要求是相左的。

我们都牢记一句话，授人以鱼，不若授人以渔；但往往会忽略另一句话，授人以渔，不若由人以渔。前者从"授鱼"到"授渔"，这是优"教"的过程，后者从"授渔"到"学渔"，则是优"学"的过程。我们已有的模式，充其量只是在优"教"上做了一点探索，而在如何实现优"学"方面还有更长的路要走。因此，正确的态度不是抱残守缺，而是放弃原有的模式，将其改造、重构。这样一来，我们似乎又从"有模"回到了"无模"，但这并非倒退，而是一种进步。因为教学模式的发展逻辑就是如此：先从无模到有模，又从有模到无模，再从无模到有模……如此交替变化、循环不止，这也正是"否定之否定"的辩证规律的生动体现。如果有人要问，怎样的教学模式才是最好的呢？我认为，最好的模式大概并不存在，然而最好的回答倒是有的，那就是：无模之模，乃为至模。这也意味着教学模式并非是教师专业发展的最高阶段，在教学模式之上，还有更高的目标值得我们去追求。

王国维在《人间词话》中开宗明义地提出，"词以境界为最上，有境界则自成高格，自有名句"，并认为"古今之成大事业、大学问者，必经过三种之境界"。王国维的"境界说"极富真知灼见，其内涵早已超越了治学的经验层面，给后人以极大的启示与激励。作为一名有抱负的物理教师，理应学习前辈那种高远的眼光、博大的气度，去追求物理教学应有的境界，使自己的教学理念和行为更加逼近物理教学的本质，从而跨越教师成长历程中的第三个台阶。

那么，物理教学应该追求怎样的境界呢？我从三个层面对其进行了深入的学习与思考。先从宏观层面看，人类追求的最高形态是什么？如果引用美国科学史学者乔治·萨顿的话来回答，那就是"生命的最高目的是造成一些非物质的东西，例如真、善、美"。再从中观层面看，学校教育的根本目标是什么？联合国教科文组织明确指出：教育是为了发展和完善人格。而完善的人格由智力结构、伦理结构和审美结构构成，这三者的核心恰好也在于真、善、美。我们不难得出这样的结论：对于真、善、美的追求乃是物理教学的最高境界。

物理教学的三重境界犹如三棱塔的三个侧面。当我们还处于它的底部时，科学、人文、艺术似乎相去甚远，但随着高度的不断提升，三者之间的距离就会越来越近，如若到了顶点，它们则完美地融为一体了——这也正是理想的教学境界之所在。当然，这个"顶点"可能是难以企及的，但这不应作为我们放弃追求的理由。古语有云：高山仰止，景行行止，虽不能至，然心向往之。如果说"高山仰止"是指理想的教育，那么"心向往之"则是教育的理想；理想的教育可能无人可及，但教育的理想却应人皆有之。今天，我们探求物理教学境界的意义，也正是体现于对它的不懈追求和无限逼近的过程之中。朱自清先生在《教育的信仰》一文中说得好："教育者须对于教育有信仰心，如宗教徒对于他的上帝一样。"我们拥有了这样的情怀，就会从内心激发出一种对教育事业的终极追求，为了实现自己的理想，每一天都朝此迈进，不敢懈怠。

二、学术修炼：提升学术素养

作为一名优秀的物理教师，在学术素养方面应该达到"三有"要求：既有底气，又有眼界，更有根基。

首先要有底气，即具备扎实的专业知识。物理教师的知识构成是多元的，除了物理学科知识之外，还有课程知识、教学法知识以及关于学生的知识等。这些知识并非截然割裂，而是相互关联的，它们的交集构成了一种教师特有的知识，即学科教学知识（PCK）。教师通过教学设计，将学科的知识转化成教学的知识；再通过教学过程，使教学的知识转化为学生的知识。在这两次转化过程中，教师所具备的学科教学知识都起到了举足轻重的作用。

研究与实践表明，学科教学知识是教师专业知识中最核心的知识，因而发展教师的学科教学知识也是教师专业成长的关键。当然，教师学科教学知识的生成和发展是一个不断建构的过程，我们一方面要勤于历练，在教学实践中积累经验、增长才干；另一方面又要敏于反思，在学习思考中揭示规律、提升智慧，从而发展和丰富学科教学知识，使自己成为一名高成效的物理教师。

其次要有眼界，即具有宽广的学科视域。教学实践表明，一位教师的教学内涵是否深厚，往往取决于他的学科视域有多宽广。所谓学科视域，指的是教师对其任教学科的内涵及本质的理解与把握。对于物理教师而言，他的学科视域就反映在他对"物理究竟是什么"这个问题的回答上。物理学科这种丰富多元的内涵，犹如一棵枝繁叶茂的"物理树"：最先映入人们眼帘的树叶和果实，就像是物理学科的知识层面；而支撑着它们的树枝、树干，好比物理学科的思维层面；它那深深地扎入泥土、维系着大树生命的树根，则是物理学科的文化层面。

作为一名物理教师，能够对物理学科做一番深入的审视与剖析，以拓展自己的学科视域，这是十分必要的。因为，眼界决定境界。如果教师关注的仅仅是物理知识层面，他充其量只能算是一名"经师"；如果在教物理知识的同时，还能突出物理思维，引导学生去领悟其中的思想和方法，从而提升他们的智慧，他就是一位"明师"；如果在教物理知识、思维方法的同时，还能潜移默化地对学生进行物理文化的熏陶，润泽他们的心灵，那才称得上是教书育人的"人师"。

最后还要有根基，即拥有丰厚的文化底蕴。大凡学过经济学的人都知道恩格尔系数的含义，即食品支出占消费总额的比例，它可以衡量一个国家（社会）的经济发展水平。以此类比，教师同样应该关注自己的知识结构是否合理，并躬身自问：我们知识的"恩格尔系数"（学科知识占知识总量的比例）是多少？物理教师当然要具备丰富的物理知识，但更应拥有广博的文化知识。诚如苏霍姆林斯基所说："学科知识应该处于教师知识结构中的一个角落，而不应在中心，更不应该是全部。"只有这样，我们才能更好地适应并完成学校的教育任务。

有人将学校教育比作一盘磨：上磨是科学，底磨是人文，磨心是哲学。这就对教师提出了相应的要求，即理科教师要有人文素养，文科教师要有科学背景，所有的教师都应有哲学头脑。在这方面，新课改已经令我们感受到了现实的严峻挑战。例如，高中物理教材的开篇就是"物理学与人类文明"，如果一位物理教师缺乏应有的人文素养，他的教学就很难使学生理解并感悟科学与人文两者紧密相连、血脉相承的关系。又如，高中语文教材有篇课文是"熵：一种新的世界观"，试想一位语文教师若没有相应的科学背景，浑然不知"熵"为何物，他又怎能顺利地完成教学任务呢？正如英国学者斯诺在"两种文化"的演讲中尖锐指出的："一个作家对热力学第二定律毫无所知，就等于一个科学家没读过莎士比亚的作品。"在科学与人文之间，不应该横亘一道无法逾越的鸿沟。

科学技术史专家李约瑟曾提出过一个著名的难题："为什么近代科学没有产生在中国，而是在 17 世纪的西方。"对此，英国思想大师怀特海将其答案归结为"希腊的悲剧、罗马的法律和中世纪的信仰"。乍看似乎风马牛不相及，然而正是这些基本的人文素养，融合并培育了人们实事求是的科学心态与理性精神，从而极大地推进了西方科学的发展。所以人们常说，科学与人文犹如鸟之两翼，车之两轮，不可割裂或偏废，对于社会文明发展如此，对于教师的专业发展也是如此。

三、心智修炼：学会哲学思考

在课改实践中，许多教师都有过这样的困惑："学过的新课程理念，为什么一到教学中就会走样？"究其原因，是在公认的教育理念与个体的教学行为之间，并没有一条自发的、直达的通道，而是隔着一个"中介站"，这就是教师的教育信念。任何先进的教育理念，只有经过充分内化，真正融合于教师的教育信念之中，才能最终外显为正确的教学行为（图 5-2）。

图 5-2 教学理念内化路径

所谓教师的教育信念，指的是教师个人在长期教育实践中积淀而成的、对于教育根本问题的理解和主张。每个教师都有自己的教育信念，它植根于教师的心灵深处。对于教师来说，它就像一只看不见的手，无时无刻不在左右着教师的教学行为。因此，从一定意义上说，更新教育理念的关键，就在于更新教师个人的教育信念，或者说重构教师个人的教育哲学。而要做到这一点，则有赖于教师批判意识的觉醒和反思能力的提高，取决于对教育问题进行深入的哲学思考。也就是说，要回溯到教育的原点，运用哲学的观点和方法，对教育现象、教育问题、教育本质进行寻根究底的反思。

通过对诸多教学问题的分析、比较，我们最终筛选出如下几个具有本原意义的问题，即为何教？为谁教？教什么？怎么教？这些问题又分别与价值观、学生观、课程观、教学观等重要的观念紧密关联。这也表明，我们只有通过对这些本原问题的深刻审思，进而理解、把握它们的真谛，才有可能牢固树立起相应的新观念。限于篇幅，这里仅以"为何教"为例，谈谈我对此问题学习、思考的心路历程。

对于物理教师而言，这个问题也可具体表述为"我为什么教物理？"长期以来，我的回答都是"我要将尽可能多的物理知识教给学生，以满足他们高考所需、终身之用"，并将此作为物理教学的价值取向，深信不疑。但随着学习和思考的深入，这种知识本位的价值观受到了不断的挑战与冲击。

波利亚曾有一个统计：中学生毕业后，研究数学和从事数学教育的人占1％，使用数学的占29％，基本不用或很少用数学的占70％。这个结果完全出乎我的意料。原本以为，我们今天教给学生的知识，尽管他们会忘掉一些，但绝大部分都是终身有用的，想不到现实的反差如此之大。无独有偶，前些年某师范大学物理系也曾做过类似的调查。其中有个问题是了解牛顿第二定律 $F=ma$ 在生产、生活实践中的应用情况。我们都知道，$F=ma$ 是中学物理教学的重点，也是历年高考的热点，教学中教师在这部分内容上花费了大量的时间和精力。然而令人大跌眼镜的是，即便如此重要的物理知识，在生产或生活中竟然也很难找到直接的用武之地。调查者访问了各行各业的很多人（包括建筑工程师等），结果都是如此。后来他们又去问汽车司机，尽管汽车经常要加速或减速，即改变运动状态，而牛顿第二定律恰好又是针对此类问题的，但是司机却从来不用 $F=ma$，用他们的话说："算一下再踩刹车，就来不及了！"

我们论说物理的有用与无用，其实已经涉及了一个重要的教育哲学命题，即教育的有用性与无用性，而容易被人们误解的正是它的无用性。其实，无用性恰恰是教育重要的基本属性，也是教育本身无法估量的价值之所在。美国普林斯顿高等研究院曾对此做过深入的研究，他们的结论是：只有无用的知识，才是最终有用的。这与我国先哲庄子"无用之用，是为大用"的说法不谋而合，也就是说，许多当下被视作无用的东西，很可能在日后是无处不用、无所不用的，因而实为大用。由此，我们的物理教学也不妨让学生多学点"无用"的知识。比如有的知识虽然没有实用价值，甚至与高考无关，但只要有助于学生素质的培养与提高，还是要设法让学生认真地学好它。大气才能成就大器，我们不仅要对学生三年之后的高考负责，更要为他们今后三十年乃至终身的发展着想。

总之，关于物理教学的理解与主张，实际上也就构成了我的物理教学观。教师拥有了明晰的、符合教学本真的教学观念，就等于为自己的教学实践找到了主心骨、定向标，可谓受益匪浅。然而，相对于我的四十余年的物理教学生涯来说，这种追根究底的思考又显得为时太晚，不可避免地制约了自己的专业发展步伐。正是出于这份抱憾，我殷切地期望年轻的物理教师们，能够学会并善于进行哲学思考，及早抓住教学的根本问题进行深刻的审视与反思，从而使自己成为一个有思想、有主张的物理教师。唯有如此，才能在专业发展之路上走得更快、更远、更好。

第二节 中学物理教师的学科教学知识

一、话题的缘起

1. 一线教师的困惑

实施新课程以来，广大教师对于课改理念普遍认同，然而课堂教学却是"涛声依旧"。为什么学过的新理念用不上呢？理念与行为之间的巨大落差，使众多的一线教师深感困惑。

理论和实践都告诉我们，教育理念并不能自发地转变为教学行为。要使普遍的教育理念落实到教师的教学行为中去，在两者之间必须要有一座桥梁，借以实现两个转化：一是教育理念学科化，新课程理念只有扎根于课堂，与学科教学紧密结合起来，成为可以操作的课堂教学实践，才能彰显它的意义和价值；二是教育理念个性化，个体性是教师专业活动的一大特点，因此，对于一般性的教育理念，教师必须结合自身的实践经验，反复感受与体悟，使之内化成自己的理解和主张，才能最终外显为正确的教学行为。

学科教学知识兼具观念性特征与实践性特征，这就决定了它可以在理念和行为之间，充分发挥桥梁作用，帮助教师建立起"教育理念—学科教学知识—教学行为"的互动性机制，使新课程理念真正转化为教师的教学行为，扎根于学科的课堂教学之中。

2. 同课异构的思考

在教学中经常见到这样的情况：不同的教师上相同内容（甚至同一个知识点）的课，往往会有截然不同的教学效果。他们之间的差距主要体现在什么地方呢？

以"超重和失重"的教学为例，可用图 5-3 所示的器材（粗糙的横杆上搁放两块异名磁极相对的环形磁铁），通过实验演示来加深学生对所学知识的理解。然而，即使用同样的器材做同一个实验，不同的教师却是教法各异。

图 5-3　超失重实验

【师 1】演示实验：手持横杆使磁铁由静止开始向下运动，问学生观察到了什么现象（磁铁靠拢），并进行解释。

【师 2】先演示磁铁由静止开始向下运动，让学生观察并解释所见的现象；再演示磁铁由静止开始向上运动，仍见磁铁靠拢（学生大感意外），启发学生分析并解释所见的"反常"现象。

【师 3】先提出问题：当磁铁由静止开始向下运动时，会出现什么现象？让学生在思考的基础上做出预测，然后演示实验，要求学生观察并分析实验现象。接着再提出问题：若磁铁向上运动呢？

比较这三位教师的教学，可以看出，师 2 要比师 1 好，因为他对实验的开发更为充分，通过变式实验使学生对超重失重现象的认识更加深入。而师 3 的教学与师 1、师 2 不同，他从提出问题、学生预测入手，这样更能引起学生的认知冲突，激发他们的思维活动，因而教学效果也就更好。

如果把师1、师2的实验演示策略归结为"演示→观察→解释"，那么师3的策略就是"预测→观察→解释"。粗看起来两者似乎大同小异，但却有着内在的实质差异。这是因为，教师之所以采用不同的策略和教法，是基于他们对一些关键问题的不同理解与判断。

关于科学的发生——究竟是始于问题，还是观察？

关于学习的主体——是具有前概念的个体，还是"白板""容器"？

关于学习的过程——是自主建构，还是传输接受？

概括地说，上述问题的理解与判断反映的也正是教师的"学科教学知识"水平的差异。

还有更多的案例可以说明，决定教学优劣的主要原因，往往不是教师学科知识的多少，也不是一般教学法知识的多少，而是教师所拥有的特殊的专业知识，即学科教学知识的多少。

"要给学生一杯水，教师要有一桶水。"这是我们常说的一句话，用来隐喻教师要比学生拥有更丰富的知识。但在现实中，有的教师有两桶水、三桶水甚至更多桶水，却也给不了学生一杯水，这是为什么呢？因为"此水非彼水"，这两种"水"除了量的差异之外，更有着质的区别。如果给学生的"水"指的是学科知识，那么教师拥有的"水"主要就是学科教学知识。也就是说，教师不仅要有深刻的学科知识，而且还要有宽广的学科教学知识，有效的课堂教学正是两者有机融合的结果。

教育部颁发的《中学教师专业标准（试行）》对教师的专业知识提出了明确的要求。引人注目的是，文件突破了传统的教师专业知识"三元结构"，在学科知识、教育知识、文化知识的基础上，第一次明确提出了有关学科教学知识的新要求。因此，如何促进学科知识向学科教学知识转化，构建教师合理的专业知识结构，是值得我们重点关注的问题。

二、学科教学知识的介绍

1. 什么是学科教学知识

20世纪80年代，美国著名教育家舒尔曼最早提出了学科教学知识的概念。他认为，学科教学知识是关于教师如何针对特定的学科主题及学生的不同兴趣与能力，将学科知识组织、调整与呈现，以进行有效教学的知识。或者，换个角度看：学科教学知识与其说是一种知识，不如说是一种教师特有的"转化"的智能，即将学科知识"转化"成学生有效获得的学科教学智能。具体地说，教师先通过教学设计，将学科的知识转化成教学的知识；再通过课堂教学，将教学的知识转化为学生的知识。在这两次转化过程中，教师所拥有的学科教学知识起着举足轻重的作用。

实证研究表明：学科教学知识是使教学最有效的知识，它最能区分学科专家与教学专家、高成效教师与低成效教师的不同。可以说，学科教学知识是教师专业知识中最核心的知识，发展教师的学科教学知识是教师专业成长的关键。

2. 学科教学知识的内涵

美国学者格罗斯曼将学科教学知识的内涵解析为以下四部分。

①学科的知识：指学科中最核心、最基本的知识；学科的思想、方法、精神和态度；对学生今后学习和发展最有价值的知识。

②课程的知识：知道某一知识在整个学科体系中的地位和作用；上位知识与下位知识的联系；新旧知识间的联系；所学知识与儿童生活、经验的联系。

③学生的知识：了解不同学生的认知基础、认识方式及差异；知道哪些知识学生容易理解，哪些问题容易混淆；学生常见的错误是什么，如何辨析和纠正。

④教学的知识：指为了达到教学目标，根据学生的心理发展水平，而采取适合表征内容的教学手段和策略的知识。

需要指出的是，格罗斯曼采用了还原解析的方法研究学科教学知识的基本要素，但并不是说，学科教学知识就是这几种知识简单叠加的结果。实际上，各种要素之间是相互嵌套、融为一体的，学科教学知识正是在此基础上重组、整合而成的一种新的知识形态。

3. 学科教学知识的核心

根据教学论的"三角形模型"，课堂教学总是基于教材、教师、学生这三大要素之间的交互作用而形成的。相应地，课堂教学的三个基本问题是：教什么？怎么教？怎么学？——这也正是学科教学知识所要研究解决的三大主题。

如果对照学科教学知识的内涵要素，我们可以看出，其中"学科的知识"与"课程的知识"，针对的是教什么的问题，而"学生的知识"与"教学的知识"则分别针对怎么学和怎么教的问题。这三个问题尽管各有侧重，但它们都有一个共同的聚焦点，那就是关注学生的学习。

关注学生的学习是教学的本质追求，也是教学的核心观念。抓住了这一点，也就抓住了学科教学知识的核心。据此，我们可以把学科教学知识的核心内涵概括为一句话：将学科知识转化为学生可学的形式。换言之，学科教学知识的核心就是站在学生的立场，实现知识转化。

三、物理教师学科教学知识的建构

实践表明，教师的学科教学知识并不会随着学科知识和一般教学知识的获得而自然生成；同时，它也没有一种最佳的方式可以直接传授给教师。学科教学知识的发展是一个不断建构的过程。在很大程度上，它是教师个人在自己所任教学科的特定范围内，在不断将诸方面知识综合、创新的过程中得出的。

对于一线的物理教师来说，学科教学知识的建构必须坚持实践取向，即要强化实践意识、关注现实问题、注重个人经验。具体地说，可从两个方面着手。首先，是典型课例的学科教学知识解析，即结合教学案例，以学科教学知识的视角和框架，进行深入的剖析与反思。这些典型的课例就是一个个鲜活的"话题学科教学知识"，教师通过不断积累，形成并充实自己的学科教学知识资源库。在此基础上，教师再进一步梳理自身的学科教学知识，通过总结提升，逐步建构起具有个性特色的学科教学知识。

1. 典型课例的学科教学知识解析

课例的解析可按学科教学知识内涵的四个要素来展开。以"磁感应强度"为例，教师要围绕以下几个问题进行解析，并作出自己的回答。

(1)"磁感应强度"的内容及其教育价值是什么？

磁感应强度是电磁学的核心概念之一，它对于"磁场"及其后续知识的学习，都有着关键性的作用。

磁感应强度概念的学习过程，也是一个典型的物理知识建构过程，其中蕴含着丰富的物理思想和方法。让学生经历这样的过程，将有助于提高他们的物理素养。

(2)"磁感应强度"与其他教学内容的联系是什么？

知识内容"承上启下"。磁感应强度概念是中学电磁学知识网上一个重要的"节点"，对于相关知识的学习有着不可或缺的作用。

思想方法"一脉相承"。一些重要的物理方法，如物理量的"比值定义"、多因素的"变量控制"、以匀代变的"极限思想"等，在磁感应强度的教学中都有所涉及。

(3)学生学习磁感应强度概念时可能遇到的困难是什么？

学生的困难主要集中在两个方面。一是概念的抽象性。对"场"这种物质形态，学生看不见、摸不着，缺乏相应的直接经验与感受。二是知识的综合性。由于磁场对电流的作用远比电场对电荷的作用复杂，因而磁感应强度概念相关联的知识也就更多。这些都对学生的抽象思维能力和逻辑推理能力提出了更高的要求。

(4)帮助学生理解磁感应强度概念的教学策略有哪些？

①教学思路：类比迁移。

如果把磁感应强度与电场强度做一比较(图 5-4)，可以发现这两个物理概念的形成过程有着很大的相似性。在教学中，教师通过类比的方法，让学生充分借鉴电场强度的学习经验，将会大大降低磁感应强度的学习难度。

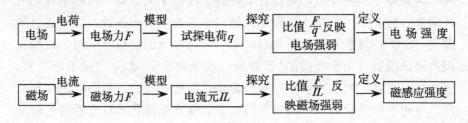

图 5-4　磁感应强度概念建立流程

②教学方式：探究学习。

为了加深对磁感应强度概念的理解，教学中不能仅止于"比值定义"的简单套用，而应让学生通过探究学习，亲历物理概念的建立过程。其中，教师的引导作用主要体现在以下两个方面。

一是实验感知，丰富物理表象。布鲁纳"发现学习"理论认为，有效学习的程序应该是"直接经验 → 图像经验 → 抽象经验"；同样地，物理学习的程序也应是"实验观察→ 物理图像→ 物理抽象"，即让学生通过感知物理现象，形成清晰的物理表象，进而主动建构物理知识。磁感应强度教学中的主要实验如下。

＊学生实验：感受磁场的强弱("磁不可貌相")——怎样用物理量描

述磁场的性质？

* 演示实验：用小磁针可表示磁场方向，但不能反映磁场强弱。
* 演示实验：磁场对通电导线有力的作用——磁场对通电导线的作用力有着怎样的规律？
* 学生实验：定性探究磁场中通电导线受力的影响因素。
* 演示实验：定量探究磁场中通电导线受力的规律（$F \propto IL$）。
* 重复实验：在不同的磁场中，是否存在相同的规律。

二是问题导引，设置认知台阶。让学生理解"为什么用比值（$\dfrac{F}{IL}$）定义磁感应强度"是教学的关键所在。教师在教学中要适时地提出问题，为学生设置必要的认知台阶，让他们去经历并完成新概念的建构过程。教学中可提出如下问题供学生分析讨论。

问题1：在 F、IL、B 三者中，你认为哪个物理量可用来描述磁场的性质？为什么？

学生在思考的基础上，通过实验数据分析得出：在同一（匀强）磁场中 $B = \dfrac{F}{IL}$ 是个定值，该比值有规律性。

问题2：在不同的（匀强）磁场中，仍能用 $\dfrac{F}{IL}$ 描述它的性质吗？为什么？

分析实验数据可见：在不同的（匀强）磁场中，$\dfrac{F}{IL}$ 为另一个确定的比值，且比值大小与磁场的强弱相关，该比值还具有客观性。

问题3：在一般的（非匀强）磁场中，还能用 $\dfrac{F}{IL}$ 描述它的性质吗？为什么？

启发学生运用"无限分割、以匀代变"的极限思想进行分析推理。

③教学手段：多元整合。

除了发挥传统教学手段的作用外，教师还应充分利用现代教学技术。例如，通过数字传感器采集实验数据，运用计算机分析处理数据等（图5-5），这样不仅可以丰富实验内容，改进实验效果，为学生建构和理解磁感应强度的概念打下良好的基础，而且还节省了时间，提高了教学效率。

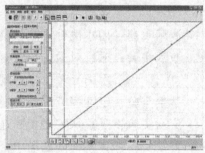

图 5-5　磁感应强度实验

2. 教师自身的学科教学知识梳理

参照格罗斯曼关于学科教学知识的内涵解析框架，物理教师的学科教学知识结构可用图 5-6 来表示。

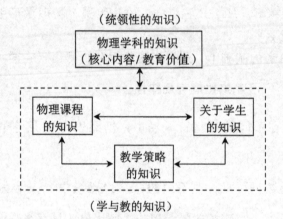

图 5-6　物理教师的学科教学知识结构

其中，物理学科的知识是学科教学知识的基础，它涉及物理教学的核心内容和教育价值等根本问题，是具有统领性的知识。而物理课程的知识、关于学生的知识以及教学策略的知识，主要针对课堂教学中教材、学生、教师三者的关系，属于学和教的知识。

对教师而言，"理论的实践化"固然重要，"实践的理论化"尤为必须。教师要善于从自身的实践经验中，"悟"出自己的行动理论，形成自己的教学主张，这是建构具有个性特色的学科教学知识的关键所在。

物理教师学科教学知识的建构需经历一个长期的过程，不可能一蹴而就。同样，上述有关学科教学知识的理解也很粗浅，还有待进一步完善与发展。最后要指出的是，我们将目光聚焦于学科教学知识，并非为了赶时髦、追新潮，而是因为它对于我们有着重要的现实意义和作用。比如，它为我们解析教学问题提供了一种崭新的视角，也为教师专业水平的提升找到了一个有效的抓手，还为大家开展合作交流搭建了一个共同的平台。我们期望有更多的教师关注和研究它，以促进物理教学改革和教师的专业发展。

第三节　当好一名合格的物理教师

我自 1961 年大学毕业后，先是分配到义乌廿三里中学任教，在农村一待就是 26 年；直到 1987 年才调入义乌中学。长期的教学实践和角色体验，使我深切地感到，当一名教师，尤其是当好一名合格的物理教师，并非易事。我们必须过好"三关"，或者说正确处理好三对矛盾。

一、处理好苦与乐的矛盾，做到敬业奉献

平日，经常有人问我：你教了大半辈子书了，说句心里话，当教师到底是一份苦差，还是一件乐事？我觉得这个问题很实在，也非常尖锐。我们也有七情六欲，也尝遍了苦辣酸甜，苦与乐的矛盾深深地困惑着我们。无须讳言，眼下当一名教师，尤其是一名山区的农村教师，的确有许多苦处。工作辛苦、生活清苦、条件艰苦，教师的这三个苦是客观存在的。但事物都是一分为二的，教师有许多苦的地方，自然也应该有乐的地方。乐在何处呢？在工作中我们可以自得其乐，生活中知足常乐，对同志助人为乐。

1. 工作中自得其乐

在教学实际中，我们当然深切地感到教师的艰辛，但是这个职业也有着深刻的审美情趣。只要我们有一双发现美的眼睛，只要我们做一个有心人，的确可以从中体会到教师的乐趣。我们的工作对象是青年学生，他们的青春气息时时刻刻都在感染着我们，所以，唯有教师这个行业，可以说是青春永驻的职业。我教了几十年书，无论走到哪儿，经常会遇到自己过去教过的学生。平常我们给学生的是一时的爱，点滴的爱，但是这些爱却留在了学生的心田当中，他们是终身不忘的，一有机会就涌泉相报。所以，我们每位教师都会有一种心情，就是为自己有幸

成为一名教师感到欣慰，也感到自豪。我想这份心情，实际上也是一种乐趣吧。

除了工作对象，教师本身的工作性质，也是一种充满着创造性的劳动。就拿物理教学来讲，我越来越觉得它是一门博大精深的艺术，就好像是一本永远也读不完的书，紧紧地吸引着我自己。几十年下来，欲罢不能，欲放不忍。当然，有时工作忙起来，尤其当自己身心疲惫时，也会萌发一种奢想，如果能够让我彻底放松休息一年半载，那该有多好。许多亲朋好友，看到我们常常工作到深夜，会说你这样有多苦、多累。他们当然是出于对我们的关心。听得多了，好像被他们讲得真的有点可怜起自己来了。但后来发现，彻夜不睡的除了我们教师之外，还大有人在。比如打扑克、搓麻将，常常是通宵达旦。在我看来，这不可理解，你们这样何苦啊，早点睡不好吗？他们告诉我，这种感觉好极了，特别是抓到一张好牌，或者赢了一局的时候。听他们这么一说，我倒又忽然想通了。我们教师在备课、批改作业时好像也没有受罪的感觉，都是心甘情愿的，特别是想到一个好的主意，有了一个好的教学设计，解决了一个教学难题，那份愉悦的心情，不也是让我们激动好几天吗？所以，苦与累其实都是相对的，它说到底就是一个人的心理感受：当你的某种心理需求得到满足的时候，你就不会感到苦，得不到满足时，那就会感到累。

西方心理学家马斯洛认为，人的需求是有不同层次的，有低级的，有高级的。最低级的是生存的需要，再高一点是安全的需要，更高一点是归宿的需要，再往上还有自我完善、自我实现的需要。我们平常看起来好像是辛苦一点，但我们不正是在工作当中极大地满足了自我完善、自我实现这种高层次的需求吗？教师的工作在别人看起来又苦又累，但他自己感到既不苦又不累，我想这就是原因。教育无比重要，教师是太阳底下最崇高的职业，这些大道理当然需要，理解了这些大道理，你可以做到敬业。但这还不够，我们还应更进一步，要乐业，把教师这个工作真正当作自己的乐趣，当作自己生活的第一需要。教师不能光靠外部的约束。学校的规章制度是需要的，这可能会规范出一个合格的教师，但光靠这些外部力量是不够的，还应该有内驱力。这个内驱力的源头就是一种高层次的自我实现、自我完善的心理需求。我们在奉献的同时，在工作中体验了自己的智慧和力量，感到一种极大的愉悦和满足。对于一个工作多年的教师来说，教学已经融入了他的身心，成为他生命的一部分了。热爱教学，实际上就是热爱自己的生命。认真教学，实际上就是善待自己的生命，我觉得这应该是教师的一种人生真谛。

2. 生活中知足常乐

这些年，学校和社会之间的反差是越来越大，我们教师的生活也就显得格外清苦。过去我对这种现象也有点耿耿于怀，心绪难平，后来也慢慢地坦然了。因为生活的好与坏，也是一个相对的概念。只要我们正确地调整比较的角度，用正确的方法去比较，那就可以为我们原本已经倾斜的心灵天平，重新找回一个坚实的平衡点。过去感到心理不平，那是横向地同其他人去比。后来发觉，要纵向同我自己过去比。不要光比物质生活，还要比精神生活。所以我们要善于自我心理调节，采取豁达的态度，在生活上知足常乐。我对自己的生活感到非常满意，自然也就走出了浮躁，工作也就更加专心致志。

3. 对同志助人为乐

助人为乐的面是很广的，这里仅谈谈老教师对青年教师的帮助。近年来，大批青年教师调入学校，35 岁以下的青年教师比例迅速提高。怎样迅速地提高这些青年教师的水平，已成为当务之急。为此，义乌中学推出名为"258"的培训计划，意思是说，青年教师分配到学校之后，通过两年、五年和八年这三个时间段，最后成为一个教学高手。实施这样的培训计划，老教师所起的作用是非常大的，我们应该助人为乐，甘当人梯。我们采用师徒结对、同步帮教等方法，做到教案流通、资源共享，毫无保留地把我们的教学思想、教学经验传授给他们，使他们能踏着我们的肩膀，一开始就有一个高起点，然后去攀登更高的山峰。通过这几年的努力，这些青年教师成长很快，一个优秀的青年物理教师群体已经在我们学校崛起了。看到他们的成长，我内心的喜悦溢于言表。我自己原本非常有限的教学生命，在青年教师的身上得以连绵不断地延续。在我看来，这正是一种高品位的乐趣。

二、处理好教与学的矛盾，做到刻意追求

教与学，是放在我们教师面前的一对永恒的矛盾。我们把它分为"三教三学"，从三个侧面来展开。

第一，施教为学。随着社会的发展，人们对我们教学的要求越来越高，我们上课越来越难。从"双基教学"到"智能教学"再到"素质教学"，

短短几十年时间，教学理念迈进了几大步。在这种情况之下，我们很可能是行动落后于理念，造成许多教学行为的失当和错误。这个问题解决了没有呢？还没有解决。其中一个重要的原因，就是我们学科教师往往都是自扫门前雪，各唱各的调。比如，物理教师往讲台上一站，脑子里就有一种潜意识，通过我的课，要使得班里五十位同学能够成为物理工作者或物理方面的专家。化学教师来了，他也想通过他的课，把这五十位同学培养成化学家。数学教师来了，又是五十位数学家。每门课的教师都是从自己这门学科的视角来实施自己的教学行为的，最后叠加到学生身上去，他是什么"家"呢？什么都不是，四不像。所以说，现在制约素质教育落实的一个重要问题，是我们的学科本位太强烈了，我们应该把学科本位转到学生的发展本位上，这样才有希望实现素质教育。作为一名物理教师，我们必须经常扪心自问：我为什么要教物理？或者也可以反过来问：如果我不教物理，学生不学物理，将会给他们今后的发展带来那些缺憾？化学教师来了，也要想一想：如果不学化学，将会给他们今后的发展带来怎样的缺憾？各科教师不妨都这么认真地想一想，这些缺憾所在，正是我们这个学科教学的价值所在。那么到底会有什么缺憾呢？一种显而易见的回答是，学生将因此失去许多重要的科学知识。这个话没错，但是不准确，更不全面，因为除此之外，学生还将要失去许多科学方法和科学精神的培养熏陶，从而最终影响到他们科学素质的提高。

除了思想观念要明确之外，还必须要落实一条重要的教学原则，学为主体，教为主导。教师通过一系列精心设计的问题，把学生的认知路线用最佳的方案给他设置好，学生只要能够思考解决这些问题，也就一步一步地到达胜利的彼岸，我把这种教学方法叫作"指"。但这种教学方法同"学为主体"还不是很吻合。因为指挥棒指到哪儿，他就走到哪儿，学生的这些思考还是受教师控制的。要完全体现"学为主体"，应该是"放"。就是告诉学生目标在哪儿，再给他地图和指南针，凭这两样东西，学生自己就能到达目的地。如果能够达到这样的教学效果，那才是真正的"放"。我们一定要角色换位，要多想学生之所想，疑学生之所疑，难学生之所难，经常从教学对象的位置与角度，用学生的眼光来审视教学内容，组织教学活动。

第二，为教而学。大家都知道，实施素质教育的关键是提高我们教师自身的素质。我经常告勉自己，要做一个称职的教师，首先必须要做一个勤勉的学生。教了三十几年的书，我实际上也学了三十几年。在刚恢复高考的时候，学校要我教复习班，没有资料，我就广泛地收集，筛选整理，做资料卡片，一年下来做了四千多张，装了满满三箱。这个工作做起来很辛苦，但为自己的业务水平奠了基。我在农村学校任教，每到农忙季节就背个工具箱，挨村挨户去为农民修电动机、水泵和电缆线，从中学到许多东西。

教育部提出，实施素质教育，要抢占两个制高点，一个是教育思想的现代化，另一个是教育技术的现代化。现代教育技术对我来讲，是个很大的拦路虎，因为我既不懂英语，又不懂计算机。现代教学技术的兴起，对我们 21 世纪的教育产生了深远的影响。钱学森同志早就指出，21 世纪的教育就等于人脑＋计算机＋网络，所以不学习就要被淘汰。我们早学会一天，就能够使我们的学生早一天受到现代化的熏陶，千万不能因为自己的落伍影响到青年一代。通过这样一番思考，我克服了畏难情绪。同教计算机的教师合作，一边学习理论，一边精心设计，开发了一批课件，受到同行和各级领导的好评，我想这就是"为教而学"。

第三，边教边学。教学是有不同境界的。我们常常说这样三句话：教学有法，教无定法，贵在得法。教学有法，就是说如果我们遵循规律，教学合乎章法，那么教学就达到了规范化，这是第一种境界——规范性。教无定法，就是说能够针对不同的情况，区别对待，灵活施教，那就到了第二种境界，具有针对性。贵在得法，就是高效轻负，自成风格，这就体现了创造性。所以说，这三句话实际上就是教学的三种境界。有的教师的教学境界提升得很快，而有的教师过了许多年，还是老样子。这是为什么呢？我认为，这同他们的教学行为是直接相关的。我们应该坚持边教边学，真正做到教、学、研同步，这样才能不断提高自己的教学境界。

三、处理好新与旧的矛盾，做到常教常新

回顾自己几十年来的教学历程，实际上都是在不断地否定自我，是在守旧与创新这一对矛盾的推动下，逐步成长、成熟起来的。具体地说，这几十年可以归结为这么几个阶段。头一两年，初为人师，又是年少气盛，不知深浅，一切都感觉很顺，这是第一个阶段，叫"朦胧期"。过了三四年，逐渐碰到了一些问题，开始觉得教学并不简单，这说明自己已经开始清醒了，处于"觉醒期"。到了八九年，问题越来越多了，感

到教书越来越难，这是个好事，说明开始迈入"发展期"了。到了十五六年的时候，感到对各类问题逐渐心中有数，并有了相应的对策，进入了"成熟期"。到了二十来年的时候，对教学有了较深的理解，并且形成了一定的教学个性和风格。这个时候，要另外换一种思路、搞一种模式，感到非常困难，要付出很大的努力，才能够跳出自己原有的定势，说明已经处在了"高原期"。一个教师处于高原期之后，接下去的发展可能有两条路。一条路可以"吃老本"，"高原"尽管没有很大的起伏，可水平毕竟是高的，凭着这个高水平吃点老本，挨到退休是没问题的，但这样就意味着步入了"停滞期"。相反地，如果不满意这个水平，还有愿望想要百尺竿头更进一步就要开创一个"突破期"，当然，这要付出更大的代价，更多的精力。在主观上，我是在尽力走后一条路。

我回顾了自己经历的几个阶段。希望年轻教师能够在更短的时间里完成这个过程。教师自我价值的实现，大致有两种不同的层次，一种是自我表现，另一种是自我完善，这两者是不同的。自我表现是教师自己才能的显示。比如教学成绩取得了优胜，获得了奖项，取得了荣誉等。这种价值的实现不是最高的，更高的应该是自我完善。自我完善就没有功利色彩了，要不断地追求，不断地发掘自己的聪明才智。当然，不一定每个人都能达到理想的教学境界，就好比平行于 x 轴的一条直线，我们个人努力的轨迹，可能是一条渐近线，永远不能到达它，但能够无限地逼近它。

有这么一件事，事情虽然不大，但对我来说却刻骨铭心。有次我看到一位模范教师的事迹，说到他开了一节非常成功的观摩课，获得了满堂喝彩。许多青年教师课后都纷纷去向他请教，并问：你这堂课上得那么好，一定花了不少时间来写教案吧！这位老教师拿出香烟纸大小的一张纸说，这就是我的教案，我写这个教案用了十五分钟时间。大家感到不可思议。这个老教师又很认真地补上一句：我备这节课倒是用了整整三十年。这么简单的一个事例，对我影响很大。我听过"十年磨一剑"，这个功夫已经很深了，他是三十年备一课，这种精神，这种风格，难道不值得我们好好学习吗？我虽然与这位教师素未谋面，但他好像是一面镜子，永远地耸立在我的面前。如今，我也到了三十年甚至三十几年备一课的时候了，我告诫自己，我也得像当年这位老教师那样，认真地备课，所以从来都不会把老教案拿来看一下就去上课。如果一个教师，只会沿用他的老教案来上课，这说明他对教学艺术的追求已经止步了。尽管教了三十几年，也只是三十几遍的机械重复，最多是一个熟练的教书匠，不可能成为一个真正优秀的教师。所以，对于教学，我们应该树立一种精品意识。老教师备课和青年教师备课是不一样的，青年教师备课，是要把课从生备到熟，这是他应该做的工作；老教师备课，应该要倒过来备，从熟备到生，不断地备出新意来，这样才能够常教常新。

只要你在不断追求，你就要不断地自我否定。老教师的生理年龄大了，但是在教学方面，我们永远要抗拒老化。作为教师，不是越老越吃香，说不定哪一天，你就会成为不受学生欢迎的人，这个结局就太悲哀的了。我经常同学生密切接触，加强心灵沟通。我给自己立下的信条是16个字：没有最好，只有更好；不断追求，超越自我。

我经常提起三句话。这三句话是徐匡迪院士在一次有关教育的报告当中讲的。他说，教育是一项事业，事业的意义在于奉献；教育是一门科学，科学的价值在于求真；教育是一种艺术，艺术的生命在于创新。我觉得这三句话讲得非常透彻，很有哲理，它既点出了我们教育的真谛，又给出了教育的标准。如果以这三句话为对照，我感到自己做得很不够，还需要不断努力。我自勉说："春光无限好，踏遍青山人未老。"能幸逢盛世，这应该说是我的福分。

对吴加澍教师发展观的研究

吴加澍老师不仅是一位优异的教师，也是一位物理教学专家和物理教育思想家。结合自身成长的经历，以及对身边青年教师培养的成功案例，针对青年教师专业发展问题，吴老师认为可以从教师的个例中归纳教师成长过程中的规律性东西，以此来指导教师专业成长。

吴老师认为，他们这代人的成长背景与现在教师的成长背景不太一样，但共同的东西还是有的，如教师在发展过程中都会遇到高原期问题。高原期其实不止一个，而是分散在各个阶段的。要在教师成长的高原期，向他们提供帮助，提供提升的动力和方向。学生也是这样，感觉到自己潜力尽了，苦恼彷徨的时候，正是教师给予帮助的时候。

没有自主发展的强烈意愿就没有教师的成长，发展动力缺失具有一定的普遍性。吴老师回顾自己跨越一个个阶段的动力，发现心态最重要。外在的东西无法支撑一个人的专业发展，职称、工资都不行。内在动力最重要。内在动力的源头只能是职业心态和专业追求。胡锦涛同志提到，静下心来教书，潜下心来育人。他的话是有针对性的，不少教师静不下心来，这既有内因也有外因，关键在于自身修养。

兴趣很重要，吴老师曾以搓麻将为例，分析兴趣的问题。搓麻将的要求简单，很容易学会，输赢直接。而学问不同，板凳要坐十年冷。大家都希望把自己的专业搞好，但门槛比较高，一个好教师，综合素质的要求是很高的。因此，青年教师的培养，不能要求他们顿悟，而要一点一点来，一步一步体会到成功。我们要帮助一位教师迈上专业发展的道路，一定是把他"送上路"而不是"拖上路"，用规范制约能造就合格的教师，但无法造就优秀的教师。吴老师非常愿意鼓励年轻人，尽量做好他们的后勤工作。每个人都有闪光点，我们要把教师推进"自激励"的系统中。教师专业发展不能光讲"技能"，还要讲自我发展的动力和热情。这也是"鱼"和"渔"的关系。一个教师如果没有学科管理、班级管理的正面体验，不可能对教育教学有热情。学校管理要为教师发展创造条件，才是有远见的。只要达到某一种程度，得到了大家的认可，从中体会到快乐，你就很可能无法停下来。为年轻人创造机会，抬高他们的发展起点，是很有必要的。

吴老师没有职业倦怠，每天有学不完的东西，同一节课上了十几次了，每一次备课还有新的体会。教师是创造性职业，教师们要建立"自动的机制"，自我进取的激励机制。

吴老师认为，年轻教师进入一所名校工作，可能是幸运，也可能是不幸。搞得好，先声夺人，但也可能更早更长地停留在高原期。外部条件的确重要，但名师不是打造出来的。

吴老师年轻的时候，并没有什么名师引领，同事没有提供太多帮助，也没有太多的资料。他用的是原始积累法。实践是他的老师。他在实践中发现问题，思考如何解决，查找资料，思考，然后再试。

吴老师也有失败的经历，有的学生高考结束，就把教科书扔掉，里面抄满的蝇头小楷，毫不珍惜。我们教他们取得了高分，但没有教成他们喜爱物理的态度。这与应试环境有关，也与教者有关，与教育哲学问题有关。教物理的，要问什么是物理，这是本体论；要问为什么学物理，这是价值论；要问如何学物理，这是方法论。吴老师总是这样与年轻人讲，可是他们很难听进去，要是一开始就这样思考问题，走的路径会短得多。教育理念最终起主要作用，一定要通过这样的深层思考，才能形成。

参考文献

[1]吴加澍．对物理教学的哲学思考[J]．课程·教材·教法，2005(7)．

[2]倪光炯，王炎森，钱景华，等．改变世界的物理学[M]．上海：复旦大学出版社，1999．

[3]赵凯华．从物理学的地位和作用看对中学物理教师的要求[A]．中国物理学会教学委员会中学分会．世纪之交的物理教育研究[C]．上海：上海科技出版社，2000．

[4]袁振国．教育新理念[M]．北京：教育科学出版社，2002．

[5]罗绍凯，王明泉，陈向炜，等．物理学的潜科学分析[M]．北京：科学技术文献出版社，1999．

[6]吕型伟．要学点教育史——关于教育创新的一次谈话[J]．课程·教材·教法，2003(11)．

[7]吴加澍．回旋加速器[J]．物理教学，1994(2)．

[8]吴加澍．面对新课程的思考[J]．物理教学，2007(2)．

[9]吴加澍．意识·功能·方法——改进物理实验教学的思考与实践[J]．教学月刊(中学理科版)，1993(3)．

[10]查有梁，谢仁根，沈仁和，等．物理教学论[M]．南宁：广西教育出版社，1996．

[11][美]鲁道夫·阿恩海姆．艺术与视知觉[M]．北京：中国社会科学出版社，1984．

[12]董远骞，等．教学的艺术[M]．北京：人民教育出版社，1993．

[13]顾泠沅．名师的产生是追求卓越的结果[J]．上海教育，2004(4)．

[14]童莉．舒尔曼知识转化理论对教师知识发展的启示[J]．上海教育科研，2008(3)．

[15]美国科学促进协会．面向全体美国人的科学[M]．中国科学技术协会，译．北京：科学普及出版社，2001．

[16]吴加澍.从优秀走向卓越——物理教师的三项修炼探微[J].中学物理教学参考,2011(6).

[17]田成良.引发认知冲突 发展科学思维[J].物理教师,2018(5).

[18]吴加澍.中学物理教师的学科教学知识[J].物理教学,2012(12).

后 记

  本书历时两年之久的整理即将结束，材料的分类和梳理加工虽相当烦琐，但整个过程令人欣慰。整理的过程，即学习的过程、研究的过程。文中内容无数次震撼着自己，多次使我产生共鸣，洗礼着自己的教育观点，不断更新自己的教育理念。本书的出版，希望能让更多的物理教师受益，引领广大物理教师的专业发展，让更多教师认识科学本质，掌握科学教学的规律，从而促进科学教育的发展，为提高学生的科学素养而贡献力量。

  本书的出版得到了各界的大力支持。北京师范大学郭玉英教授亲自为本书作序；吴加澍老师为本书提供了大量文字、视频、PPT 材料，并为本书的框架结构给予了指导；浙江省教育厅的梁旭老师为本书提供了素材并亲自作序；黑龙江省教研员夏伟宁老师、黑龙江省哈尔滨第九中学的董超老师为本书提供了案例素材；北京师范大学出版社伊师孟、张丽娟老师对本书的出版给予了大力支持和帮助。在此，一并表示衷心的感谢！

  吴加澍教育思想博大精深，由于本人水平有限，文中一些观点的描述和理解，并不一定完全符合吴老师的教育思想，恳请您批评和指正！

田成良

2020 年 6 月 16 日于北京